KB092657

5년 후에도 살아남을
암호화폐에
투자하라

제 2 의 비트코인과 이더리움을 찾아라 !

5년 후에도 살아남을 암호화폐에 투자하라

데이비드 쉬리에 지음 | **최기원** 번역 | **박종한** 감수

나비의 활주로

내 삶의 모든 부분에서
시구詩句를 발견하도록 영감을 준
나의 멘토들에게 이 책을 바친다.

"핀테크의 오랜 전문가 데이비드는 기업의 일반 임원들도 블록체인 기술을 쉽게 이해할 수 있도록 길잡이를 마련해 주었다. 언젠가 수조 달러의 산업들을 탄생시킬 만한 흥미진진한 가능성을 선보였다."

- **크리스 라슨***Chris Larsen*, 리플(Ripple)의 창립자이자 회장

"이 책은 파괴적 혁신을 일으키는 새로운 '블록체인' 기술을 알고 싶어 하는 독자들을 위한 필독서다. 블록체인 기술이 무엇이고, 어디에 적용되는지 알고 싶지만 제대로 이해할 시간적 여유가 없는 기업 임원이나 공무원과 같은 독자들을 대상으로 쓰였다. JFK 공항에서부터 버뮤다로 가는 동안 기내에서 완독할 수 있는 책이다. 데이비드, 잘했어."

- **데이비드 버트***David Burt*, 버뮤다의 수상

"작가는 블록체인에 활기를 불어넣었다. 투명성과 효율성을 배가하기 위해 블록체인을 어떻게 사용할 것인지에 대한 통찰을 제시

하기 때문이다. 내가 1,100억 달러의 투자 포트폴리오를 최적으로 관리하는 데 이 책이 큰 도움이 되었다."

- 랜디 브라운*Randy Brown*, 선라이프(Sun Life)의 최고투자책임자이자 SLC 매니지먼트의 보험자산관리부 총괄

●

"블록체인은 이미 일상의 일부가 되었다. '신뢰'라는 개념을 재정의하고, 과감하고 새로운 데이터 경제를 위한 최적의 거버넌스(governance, 공동체의 의사결정 방법, 사회문제에 대한 해결 기제 및 관리 체계-옮긴이) 시스템을 개발해 주는 놀라운 기술이다. 분산장부의 효용적 가치는 국민과 고객들의 역량을 강화하는 데 있다. 이 책은 각종 잡음 속에서 유용한 정보를 가려내고자 하는 사람들을 위한 필독 도서다. 거품 섞인 정보가 아닌 충분한 지식에 근거한 결정을 내려야 하는 정책 입안가, 규제 당국, 비즈니스 리더들이 신뢰할 만한 지침서다."

- 에바 카일리*Eva Kaili*, 유럽의회 의원이자 과학기술 미래위원회 위원장

●

"블록체인은 금융서비스와 통화, 결제·보험·의무기록 처리 방식에서부터 정부의 행정업무와 법제 적용에 이르는 모든 분야에 변화

를 일으킬 수 있다. 쉬리에는 모든 종류의 일상 활동과 비즈니스에서 발휘되는 블록체인의 혁신적인 역할을 명확하게 설명한다. 더불어 더 나은 미래의 모습을 훌륭히 전망하며 비전을 제시한다."

- **제이미 버뮤데지**_Jaime Bermudez_, MBA 라자드(MBA Lazard)의 매니징 디렉터이자

콜롬비아의 전직 외교부 장관

5년 후에도 살아남을 1% 암호화폐를 선별하는 기준

세계 경제에 들이닥친 한파는 어찌 보면 예견된 일이었다. 각국 중앙은행의 천문학적인 돈 풀기는 물가 급등, 금리 인상, 경기 침체로 이어졌고, 이는 모든 자산의 거품을 일제히 꺼뜨렸다. 그중에서도 가장 큰 쪽으로 하락한 자산은 단연 암호화폐였다. 거시 경제의 여파와 더불어 테라-루나 사태, FTX 파산 등 내부적인 악재까지 겹쳤기 때문이다. 그뿐만이 아니다. 3AC(Three Arrows Capital), 보이저 디지털, 셀시우스 등 굵직한 투자 회사가 연쇄적으로 파산했다. 일련의 사건들은 투자자들에게 경각심을 준 것을 넘어 '과연 암호화폐 시장을 신뢰해도 될까?'에 대한 근원적인 의문을 남겼다. 이런 중요한 시기에 『5년 후에도 살아남을 암호화폐에 투자하라』가 출간된 것은 다행스럽고 기쁜 일이다.

불확실성과 변동성이 극도로 높아진 암호화폐 시장에서 투자자는 어떻게 대비하고, 대응해야 할까? 과연 암호화폐 투자를 이어가도 될까? 『5년 후에도 살아남을 암호화폐에 투자하라』는 이 질문에 대해 가장 근본적인 답을 담고 있다.

"비트코인은 왜 투자 자산이 되었을까?"

비트코인의 창시자 사토시 나카모토가 백서를 통해 밝힌 비트코인의 용도는 금융기관 없이 개인 간 결제 및 거래가 가능한 디지털 화폐였다. 그런데 현재는 가치 저장, 즉 자산으로서의 정체성이 강해진 것이 사실이다. 이는 앞서 언급했듯 중앙은행의 천문학적인 유동성 공급으로 화폐가치가 하락하고, 인플레이션 우려가 늘어났기 때문이다. 글로벌 금융 기관들은 자산의 가치 하락을 막기 위해서 적절한 투자처를 찾는 과정에서 비트코인을 발견했다. 비트코인은 공급량이 2,100만 개로 한정된 자산이고, 10분마다 정해진 물량이 신규 공급된다. 인플레이션 헤지에 특화된 자산이라고 볼 수 있다. 비트코인이 '디지털 금'이라고 불리는 이유다.

1990년대 이후 유일 패권 국가인 미국을 중심으로 세계화가 진행되면서 글로벌 경제는 인플레이션의 두려움에서 벗어난 듯했다. 하지만 미중 패권경쟁을 필두로 한 지정학적 갈등으로 세계화에 균열이 가고 있다. 이는 언제든 인플레이션 공포가 되살아날 수 있음을 의미한다. 따라서 인플레이션 헤지 용도로서 비트코인의 활용성은 높아질 수밖에 없다.

굴지의 글로벌 금융기관이 암호화폐 시장에 직·간접적으로 참여하고 있는 이유도 여기에 있다. 무려 1경이 넘는 자금을 굴리는 글로벌 최대 자산운용사 블랙록은 자사의 올로케이션 포트폴리오에 비트코인을 추가했다. 골드만삭스는 비트코인 담보대출을 시작했고, 모건 스탠리는 360만 달러 상당의 GBTC를 매입했다. 월가는 한발 더 나아가 가상자산 거래소 설립도 추진하고 있다. 업계에서는 월가가 비트코인 현물 ETF 승인에 대비해 시장 진입을 준비하고 있다는 분석이 나온다. 비트코인 현물 ETF 승인이 이루어지면 비트코인의 수요와 유동성은 더욱 늘어날 전망이다. 향후 비트코인의 가치 상승이 예상되는 지점이다.

"암호화폐의 '사용성'에 주목하라"

리플(XRP) 최고 경영자인 브래드 갈링하우스는 블룸버그와의 인터뷰에서 "전체 암호화폐 중 1%만이 살아남을 것"이라고 주장한 바 있다. 그렇다면 과연 어떤 암호화폐가 살아남을 1%에 들어갈 수 있을까? 답은 간단하다. 바로 쓸모 있는 암호화폐이다.

암호화폐의 시초인 비트코인의 용도는 지급 및 결제 수단이다. 자산으로서 정체성이 높아진 것은 사실이지만, 본질이 변한 것은 아니다. 엘살바도르는 전 세계 최초로 비트코인을 법정화폐로 도입했다. 같은 남미 국가인 브라질은 비트코인 결제 합법화 법안을 승인했다. 명복 GDP 12위의 경제 대국(2022년)이자, 남미를 대표하는 브라질이 비트코인 합법화를 승인하면서 아르헨티나, 멕시코, 콜롬비아, 온두라스, 파나마 등의 국가들도 도입 의지를 보이고 있다. 비트코인의 사용성이 크게 증가하는 경제 구조가 짜이고 있다는 의미이다.

비트코인은 느려서 결제에 부적합하다는 의견이 있다. 이는 사실이 아니다. 라이트닝 네트워크를 통해서 수백만 명 이상의 사용자가 사용할 수 있는 시대가 도래하고 있기 때문이다. 라이트닝 네트워크는 거래를 더욱 빠르고 저렴하게 만들기 위해 비트코인 프로토콜에 구축된 레이어2 솔루션이다.

그런데 사용성 측면에서 가장 주목해야 하는 프로젝트는 단연 이더리움이다. 이더리움은 탈중앙화 애플리케이션(디앱)을 구동할 수 있는 스마트 콘트랙트 기능을 갖춘 플랫폼이다. 이더리움은 '블록체인을 왜 화폐 거래에만 활용해야 하는가?'에 관한 근원적인 질문에서 시작되었다. 금융이 아닌 모든 영역에서 블록체인을 활용하고자 한 시도로, 태생부터 사용성에 집중했다고 볼 수 있다.

"향후 10년을 이끌 키워드, 메타버스와 웹3"

향후 10년 내 메타버스 산업이 1,700조 원 규모로 성장할 것이라는 전망이 나온다. 미국을 비롯한 주요 선진국의 생산성 향상 속도가 더뎌지고, 전통 산업의 사이클이 하락세로 접어들고 있다. 이는 인류가 새로운 시장과 산업을 필요로 하고 있다는 의미인데, 그 대안으로 제시되는 것이 바로 메타버스다. 메타버스를 AR·VR 기반의 게임쯤으로 오해하는 사람들도 있다. 메타버스는 그보다 훨씬 넓은 개념으로 현실 세계와 동일한 사회, 경제, 문화적 활동을 하는 3차원 가상세계를 의미한다. 즉, 현실 세계만큼이나 다양한 가치를 창출할 수 있는 공간이다.

10년 전부터 회자되던 메타버스가 다시금 주목받는 이유는 블록체인 기술을 통해 탈중앙화 메타버스 구현이 가능해졌기 때문이다. 이는 특정한 서버에 갇히지 않는 진정한 의미의 메타버스로, 상호운용성과 오픈소스 기술 등을 기반으로 무한한 확장과 성장이 가능함을 의미한다.

닷컴 버블을 겪은 후 웹2.0 시대가 도래했다. 인터넷과 모바일의 발달로 사람들의 삶은 그 전과 비교할 수 없을 만큼 편리해졌다. 이제는 읽고 쓰는 것을 넘어 '소유'할 수 있는 차세대 인터넷 패러다임으로 웹3가 주목 받고 있다. 메타버스와 웹3 생태계에서는 블록체인이 기반이 되고, 법정화폐가 아닌 암호화폐가 통화로 사용될 것이다.

"결국, 블록체인의 본질은 기술이다"

테라-루나 사태와 FTX 파산의 원인은 무엇일까? 바로 인간의 끝없는 탐욕이다. 이를 경제 용어로는 '레버리지'라고 부른다. 레버리지는 부를 이루는 데 매우 유용한 도구이지만, 암호화폐 시장에서는 부적절하게 활용되고 있는 것이 사실이다.

첫째, 가치를 증명할 수 없는 토큰의 가치를 끝없이 뻥튀기하고 있다. 쉽게 말해서 사람들에게 전혀 유용하지 않은 토큰이 턱없이 높은 가격에 거래되고 있다.

둘째, 이를 견제하고 관리할 명확한 주체가 없다. 전통 금융과 달리 탈중앙화라는 명목으로 누구든 쉽게 토큰을 만들고, 상장하고, 거래할 수 있다. 하지만 이를 감시하고 관리하는 법안이나 규정은 아직 턱없이 미흡하다.

따라서 암호화폐 시장의 신뢰도를 크게 하락시킨 두 개의 사건은 기술적인 문제가 아닌 명백한 인재이다. 일련의 사태를 경험하는 과정에서 우리는 암호화폐 시장이 나아가야 할 방향성을 확인했다. 앞으로 산업과 시장을 건전하게 만드는 규제가 꾸준히 이어질 것이다. 규제를 통과하지 못하는 프로젝트는 즉각 도태될 것이 분명하다. 결국, '기술'과 '사용성'이 검증된 암호화폐가 살아남을 것이다.

『5년 후에도 살아남을 암호화폐에 투자하라』는 블록체인 기술과 사용성에 오롯이 집중하고 있다. 블록체인과 암호화폐 산업은 경제, 정치, 사회, 문화, 교육, 산업 전반에서 놀라운 변화를 불러일으키고 있다. 크립토윈터를 이겨내고 굳건히 살아남은 블록체인 생태계는 여러 방면에서 많은 사람들의 삶을 개선시킬 것이다.

무턱대고 암호화폐에 투자해서는 안 된다. 중요한 건 "어떤 암호화폐에 투자하는가?"이다. 『5년 후에도 살아남을 암호화폐에 투자하라』를 통해서 우리의 인생을 바꾸어 줄 혜안을 얻어 보자.

박종한 미래가치연구소 대표

CONTENTS

PART 1 블록체인, 혁명의 시작

CHAPTER 1 디지털 금, 비트코인의 출현

CHAPTER 2 의심에서 열광으로, 암호화폐 신드롬

암호화폐와 사회 그리고 미래

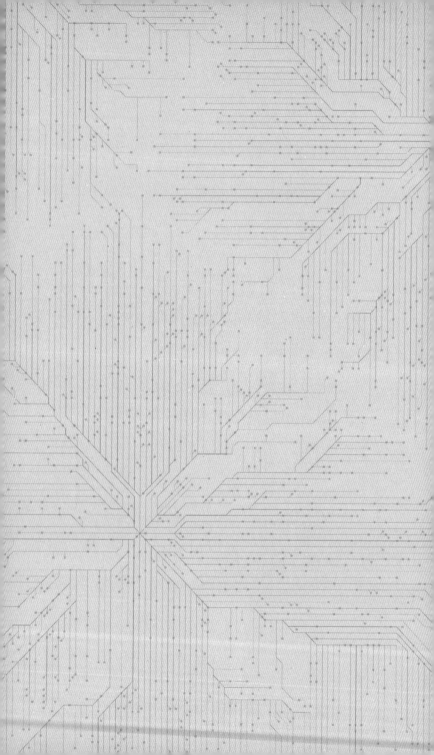

"더 늦기 전에 새로운 세계를 찾으러.
배를 밀어내어라, 순서대로 앉아 파도를 가르자.
내가 가는 곳은 해가 지는 곳,
서녘의 별들이 목욕하는 곳."

『율리시스』, 알프레드 테니슨 경(Alfred Lord Tennyson)

장벽을 무너뜨려야
'원하는 미래'가 도래한다

비트코인, 블록체인, 암호. 요즘에는 하루가 멀다 하고 블록체인 혁명에 관한 얘기가 들려온다. 비트코인은 아는 사람만 알던 모호한 대상에서, 전 세계적으로 질타, 증오, 존경, 인정을 한 몸에 받게 되었다. 한편 블록체인은 전 세계의 모든 문제를 해결해 주는 기술로 찬사를 받기도 하지만, 겉만 번지르르한 엑셀 스프레드시트, 심지어는 정교한 사기 수단으로 죄악시되며 조롱을 받기도 한다. 그러나 근본적인 질문인 "블록체인 기술은 무엇이고, 세상은 왜 이 기술에 흥분해 있는가?"에 대한 해답은 찾기 어렵다.

그렇다면 기술에 대한 얼리어답터들부터 최근 들어 관심을 보이기 시작한 이들에 이르기까지 블록체인 기술에 열광하는 이유는 무엇일까? 세계적 기업들이 행사하는 위력이 도를 넘어서서, 개인의 자유 및 프라이버시를 침해하고, 정치적 안정성, 불평등을 초래하는 현실에 대해 우려스러운 탓일 것이다. 블록체인은 우리 삶의 면면에 영향을 주고, 돈과 소프트웨어부터 정부에 이르는 기존 권력 구조에 의해 증폭되는 상당수의 문제에 해결책을 제시할 수도 있다.

단, 그럴 '수도 있다'라는 점이 중요하다. 해결책이 되기에는 매듭지어야 할 문제가 산적해 있기 때문이다. 비트코인은 돈의 혁명으로 시작했을지 모른다. 그러나 지난 10년 동안 각종 실험을 거친 진화의 한 단계로서, 더딘 속도이지만 나름의 부침을 겪기도 했다.

혁명은 현재의 상태(아쉽게도 우리가 편향적으로 기대고 있는 초깃값의 상태)에 불편함, 난잡함, 그리고 파괴력을 일으킨다. 변화란 현재의 익숙함에 찬물을 끼얹는 것이므로, 대다수가 느끼기에 불편하기 그지없다. 역사적으로 혁명이란 사회에서 가용할 수 있는 모든 선택지를 사용했고 긴장감이 한계점에 도달한 시점에서 절대적인 필요에 의해 등장해 왔다. 사회가 혁명의 시점에 도달하고 있다고 주장하는 이들도 있지만, 아직 혁명을 향해 갈 길이 멀다고 느끼는 이들도 있다. 그러나 우리가 일선에서 체감하는 혁명은 멀리에서 관망하는 이들이 보기에 서서히 흘러가는 진화처럼 보일 것이다.

블록체인 기술은 다른 기술 혁신이 가미되었을 때 오늘날 우리가 직면하는 사회·정치·경제적 압박에 대한 완벽한 진화적 대응으로 긱용한다. 비트코인이 만들어진 시기가 2008년 금융 위기였다는 점, 특히 중앙 은행권이 위협에 처하여 양적 완화[quantitative easing, 중앙은행이 국공채(국가나 지방공공단체가 부족한 자금의 충당을 위해 발행하는 채권) 등을 무제한으로 매입하여 시장에 유동성을 충분히 공급하는 정책-옮긴이]가 시행된 직후라는 사실이 우연은 아닐 것이다. 우리가 새로운 위협에 직면함에 따라 세상도 계속해서 진화하며 적응해 갈 것이다. 그런데 새로운 문제를 해결하기에 기존의 제도는 충분히 정교하지 않다. 우리는 여전히 새로운 제도를 구축하는 초기 단계에 있고, 새로운 플랫폼, 제품, 서비스를 개발하는 데 필요한 상당수의 인프라가 턱없이 부족하다.

무엇보다도 블록체인을 의미 있게 구현하는 데 필요한 의식과 태도가 상식적인 수준에서 대중화 및 내재화되지 못했다. 인터넷이 발전을 거듭해 온 지난 20년 동안 인류의 수많은 선택이 지속 가능성을 저해하고 인류의 미래를 불안하게 만들었다는 사실을 이제야 하나둘 깨닫고 있으니 말이다. 그러니 기존의 제도가 일으킨 여러 문제가 하나둘 수면 위로 떠오르고 있는 것도 당연한 이치일 것이다.

당신이 앞으로 블록체인에 관해 듣게 되는 여러 담론과 이 책에 실린 많은 내용은 기술 그 자체에 국한되지 않는다. 오히려 블록체인이라는 신기술을 갖고 앞으로 어떠한 것을 할 수 있는지를 상상하고, 인간으로서 -또한 기계(새로운 로봇이 군림할 수도 있지 않을까?)

로서- 사고·조직화·상호 작용하는 새로운 방식을 상상하는 담론이 주를 이룰 것이다. 블록체인은 기술과 인간의 관계를 재정립하고, 연결성, 효율성, 접근성을 강화한다. 동시에 프라이버시, 주권, 다양한 선택지를 제공하는 일련의 새로운 사회·정치·경제적 수단을 개발할 수 있는 잠재력을 지닌다. 분명 가치 있지만 쉽지 않은 여정이 될 것이고, 기술 단독으로 혹은 한 기업의 노력으로 가능하지도 않다.

인터넷은 완전히 새로운 형태로 사람들이 상호 작용하고 연결될 수 있도록 새로운 물결을 가져왔다. 또한 소수의 주체들이 상당량의 디지털 미개척지를 장악할 수 있는 위험을 드러내기도 했다. 블록체인 기술을 견인하는 힘은 이처럼 새로운 디지털 세상에서 권력 구조를 바꾸고, 하나의 개체 -회사 혹은 정부- 가 우리 세상의 성장과 진화에 매우 중요한 수단을 좌지우지하는 능력을 최소화하기 위한 열망이기도 하다.

오늘날 권력의 단맛을 탐닉한 '문지기들'은 우리를 내쫓을 만한 모든 인센티브를 갖고 있다. 우리는 젊은 사람들, 역사적으로 주류에서 배제된 사람들, 전적이 다른 신념 체계를 가진 사람들이 공존하는 르네상스 시대에 살고 있다. 문지기들은 새로운 변화가 세상이 자연스럽게 진화하는 과정이기에 그 변화를 수용해야 한다고 생각한다. 그러나 사신들의 지위가 위협을 받는다는 생각에 변화에 맞서는 동시에 끌어안으려고 시도할 것이다.

따라서 우리가 직면한 과제는 "혁명의 초석이기도 한 이상주의와 원칙, 나아가 미래에 대한 우리의 신념을 희석하지 않으면서 어떻게 이 변화를 가시화할 것인가?"이다. 앞으로 도래할 미래는 과거와 닮은꼴이 돼서는 안 될 것이다. 오늘날 '블록체인'이 구현된 여러 사례는 그저 우리가 이미 가진 건축구조 위에 얹은 건물의 외피에 지나지 않을지 걱정이 앞선다. 최소한의 혁신, 실질적으로 현실이 전혀 바뀌지 않고 정체할 것 같아 걱정스럽다. 우리는 장벽과 사일로(silos, 조직 부서 간에 서로 협력하지 않고 내부 이익만을 추구하는 현상-옮긴이)를 무너트려야 한다. 기술적·사회적·정치적·경제적 장벽을 허물어야 우리가 원하는 미래가 도래할 수 있다. 우리는 교량을 공사하고, 이야기를 만들며, 현재의 세상에서 우리가 희망하는 미래로 나아가기 위해 과학, 수학, 설계, 근거를 최대한 활용해야 한다.

현재에서 미래로 나아가는 여정에서 우리 각자는 무엇을 수용하고 거부할지, 우리 생각에 가능한 것과 그렇지 않은 것은 무엇인지에 대해 수많은 선택을 내려야 할 책임이 있다. 다행히 지난 10년은 혁신의 시기였다. 비트코인에서 시작해서 블록체인을 뛰어넘는 기술적 진보에서 영감을 얻은 아이디어들이 넘쳐났다. 이와 같은 아이디어들은 전대미문의 새로운 선택지를 촉진하고, 우리가 인간으로서 선택권, 동의권, 주권을 행사할 수 있는 세상을 불러올 것이다.

나는 MIT 대학원에 있을 때 이 책의 저자인 데이비드 쉬리에와 처음으로 함께 작업하게 되었다. 데이비드는 미디어 랩에 있었고, 나는 MIT 경영대학원인 슬로안 스쿨에 재학 중이었다. 당시 나는 여러 현상의 '이유'를 탐구하고 있었고, 그의 사무실에 주기적으로 얼굴을 비치며, 학생들에게 암호화폐, 돈의 역사, 비트코인의 원리, 나아가 블록체인 기술을 이용해 세상의 다양한 문제를 해결하고 새로운 기회를 창출하는 전 세계 기업가들의 동향에 대해 가르칠 것을 제안했다.

이 책과 더불어, 데이비드와 나를 비롯한 여러 사람이 지난 몇 년 동안 연구해온 분야는 사람들이 블록체인을 다학제적으로 학습하되, 실용적 기술적 담론의 '방법론'에서 한 걸음 나아가 어떻게 하면 여러 현상의 '이유(즉 사람들의 머리와 마음에 영감을 주는 힘)'로 확장할 수 있을지에 관한 것이었다. 그렇다면 왜 블록체인 기술이어야 하는가? 이 책을 읽어가면서 그 답을 얻길 바란다.

- **멜템 더머러스**_Meltem Demirors_, 옥스퍼드 블록체인 전략 프로그램의 공동 창시자

블록체인과 암호화폐는
세상을 바꾸는 혁명이다

"불가능하다는 것이 증명되기 전까지는 모든 것이 가능하다. 더 창의적이기만 하면 된다."
- **스콧 파라진스키**_Scott Parazynski_, 의사, 기업가, 우주비행사

남극 대륙을 제외한 지구의 모든 대륙에서 혁명이 진행되고 있다. 양귀비 재배로 마약을 판매하여 돈을 버는 등 총기를 소지한 폭도들이 주도하는 혁명을 이야기하는 것이 아니다. 샌드 힐 로드(Sand Hill Road, 캘리포니아주 실리콘 밸리 서부의 간선 도로로, 벤처 캐피털 회사가 집중된 지역들을 통과한다−옮긴이)에서 차로 15분 거리를 벗어나, 자산 가치를 높이는 것 자체가 불가능하다고 여기는 소수의 실리콘 밸리 엘리트들이 이끄는 혁명도 아니다. 정부 관료들이 은밀히 조정하는 것도 아니다. 순식간에 엉덩이 살을 찌울 수 있는 칼로리 폭탄 음식을 만드는 글로벌 가공식품 회사가 출시한 멋진 위젯 앱의 영향력과도 무관하다.

이 모든 것들이 블록체인이라는 혁명적인 위력에 대해 통제하거나 소유하고, 영향력을 행사하거나 활용하고자 할 것이다. 단, 하나의 주체가 야밤에 '혁신 고속도로'를 질주하는 경주용 차의 운전대를 홀로 잡지는 않을 것이다. 물론 나도 블록체인에 대해 글을 쓰는 사람이지만, 이 기술에 대해 다음과 같이 단편적으로 알려진 정보를 자주 접한다. 블록체인에 관한 각종 정보가 범람하고 있다.

"비잔틴 컨센서스Byzantine consensus라는 게임 이론에 대해 정부 후원을 받는, 다소 성격이 모호한 연구조직에서 비롯되었다. 부정 착취한 자본을 돈세탁하려는 마약 거래상을 비롯한 각종 범죄자들, 기득권의 공허한 메아리에 불과한 수많은 공약에 환멸을 느낀 자유주의자들(libertarian, 타인의 생명권과 재산권을 침해하지 않는 법치의 테두리 안에서 개개인의 자유를 최대한 존중해야 한다는 시각을 갖고 있음-옮긴이)이 옹호하는 기술이기도 하다. 사회적 약자들의 금융 접근성을 개선해 주고자 하는 기업가들이 박차를 가하며, 수십억 달러의 비용을 절감할 수 있는 매력에 큰 가치를 부여하는 대기업들이 후원하는 기술이기도 하다. 금융적 포용, 사회적 약자를 위한 법적 포용, 소비자들의 지출 감소, 전 세계 규제집행 당국의 불안을 가중할 만한 새로운 시대를 여는 기술이다."

분명, 이 기술은 광풍을 일으키며 발전하고 있다. 내가 다보스 포럼의 만찬 행사에 참여했을 때, 당시 유명한 '블록체인'이라는 기업의 CEO와 열정적으로 포옹을 하던 한 유명한 사기꾼이 내 시선을 사로잡았다. 다단계 업체들의 후원을 받아 야심 어린 임원들이 암호화폐를 만들었다는 이야기도 들었고, 장난 같은 탄생과정을 대표적으로 보여주는 마늘코인도 있다. 특이하게 마늘을 코인에 접목하려는 사람들이 모여 성공적인 토큰 시스템(아쉽게도 거래 가치액은 '제로'다)을 개발하기도 했다. 주요 국가들의 정부와 비영리 단체들NGO은 블록체인 기반의 금융 및 장부 관리 시스템을 통해 부패, 낭비, 사기를 척결하려는 노력에 공격적으로 박차를 가하고 있다.

이 책은 블록체인의 역사로 문을 연다. 블록체인의 창시자로 알려졌지만 출처가 모호하고 가명으로 짐작되는 사토시 나카모토 Satoshi Nakamoto의 이야기로 시작한다. 2008년 금융 붕괴와 그 여파로 인해 사회경제적 위기가 찾아와 그 대응으로 등장한 것이 블록체인이었다. 전통적인 금융 제도에 대한 신뢰가 무너지면서 최초로 인기몰이 한 블록체인 기술의 결정체 '비트코인'에 '팔랑귀'를 가진 사람들이 우르르 몰렸다. 이후에 이더리움과 리플을 비롯한 여러 종류의 코인들이 우후죽순으로 등장했다. 이 책에서는 블록체인 개념을 토대로 한 핵심 기술들을 소개한다. 특히 암호화 해시 cryptographic hashes와 네트워크 이론을 파헤친다. 단, 깊이 들어가지 않고 블록체인이 어떠한 방식으로 여러 변화를 불러올 것인지에 대해 일반인이 쉽게 이해할 수 있도록 설명했다.

정부, 기업 혹은 익명 집단에서 화폐를 통제해도 되는지, 새로운 블록체인 기술에 내재된 도덕적 측면은 무엇인지를 주장하는 블록체인 전문가들이 있다. 그런데 이 그룹도 자신의 철학에 따라 이념 중시자와 기술 중시자로 나뉜다. 어떠한 부분에서 양측이 이견을 보이는지 알아볼 것이다. 법치주의 기반이 취약한 국가에서의 재산권 현황에서부터 지구상의 모든 사람에 대해 '디지털 신원'을 제공한다는 야심 찬 이니셔티브에 이르는 사회문제에 비영리기구와 정부 차원에서 대대적으로 블록체인을 어떻게 적용하고자 하는지도 언급한다. 국가 간의 힘의 불균형이 거세짐에 따라 새로운 차원의 무기 경쟁이 고개를 들고 있다. 일례로 아이슬란드는 새로운 현실정치(realpolitik, 이념적 관념이나 도덕적 전제보다 권력 및 실질적 물질적 요소와 그 고려에 주로 의거하는 정치적 또는 외교적 견해-옮긴이)의 무대에서 러시아만큼 강국이 되었다.

현재 블록체인 업계에는 해결해야 할 문제가 산적해 있고, 앞으로도 더 많이 등장할 듯하다. 확장성(현재로서는 확장이 순조롭지 않다), 연산능력과 속도(블록체인에는 막대한 에너지와 연산주기가 필요하지만, 그에 비해 속도는 더디다), 반항적 성향의 단체가 업계에서 진두지휘하려는 상황이 펼쳐지는 등 당분간 중대한 문제가 이어질 전망이다. 한편 장기적으로는 시스템의 무결성integrity이 주로 중국에 있는 몇십 개의 기업들에 의해 통제된다는 점에서 여러 의문점을 남긴다. 비트코인에서 내세우는 원칙이 소수에 통제되지 않는 화폐라는 점인데, 이 부분과 상충하기도 한다. 리플과 같은 '기업형' 블록체인이 더 많이 생겨나면, 기업관리형 네트워크를 넘나드는 데이터를 염탐할 수 있는 '부정한 방법'이 등장하면서 정부의 단속 대상이 될 수 있다. 양자전산quantum computing과 같은 새로운 기술들은 블록체인의 근간이 되는 핵심 암호기법cryptography을 풀 가능성을 갖고 있다. 또한 블록체인이 AI와 결합한다면 금융 서비스 고용에 막대한 파장을 일으킬 수 있다. 현재 은행 직원 중 30~50퍼센트가 잉여인력이 될 수 있기 때문이다. 다시 말해 블록체인 기술의 도래와 함께, 심각한 윤리적·사회적 여파가 동반될 것이다. 그렇다면 '책임 있는 혁신responsible innovation'이란 무엇일까? 신기술을 도입하여 수많은 사람이 일자리를 빼앗긴다면, 과연 그 기술을 도입할 가치가 있을까?

블록체인과 같은 변화 불가한 데이터의 기록을 생성할 때에도 민감한 문제가 발생할 수 있다. 데이터의 품질이 좋지 않으면 어떻게 될 것인가? 장부에 기재되기도 전에 부패하였다면? 양질의 장부 기록 시스템에 쓸모없는 데이터를 누군가 의도적으로 투입한다면? 지울 수 없는 에러가 생겨날 것이다. 이 데이터 시스템이 국민의 디지털 신원이나 누가 어떠한 자산을 소유하는지에 대한 기록을 관리한다면, 이와 같은 무형의 데이터가 가하는 여파는 빠르게 가시화된다.

규제 당국은 이 극단적인 '운동' 혹은 움직임을 어떻게 관리할 것인지를 고민하며 노심초사하고 있다. 기술에 대한 맹목적 숭배를 뛰어넘어 이데올로기적 열정을 지닌 사람들이 대거 힘을 실어주기 때문에 충분히 '운동'이라고 명명할 수 있을 것이다. 한국과 같은 일부 국가들은 블록체인을 활용한 여러 흥미로운 앱에 대해 단속 조처해 왔다. 반면, 스위스와 싱가포르 같은 국가들은 고삐를 풀고 두 팔 벌려 환영하는 추세다. 미국 연방 정부는 상대적으로 신중한 대응책을 마련해 왔다. 미국의 와이오밍과 버몬트를 비롯한 몇몇 주들은 친화적 정책을 마련했지만, 미국의 금융수도 뉴욕시에는 혁신을 저해하는 비트라이선스(BitLicense, 가상화폐 인가제도-옮긴이)가 도입되기도 했다. 한편, 유럽은 뉴욕이 머뭇거리는 틈을 타서 환영의 깃발을 들었다. EU 의회가 혁신을 장려하기 위해 신규 블록체인 규제를 제안하고, 실험을 가속화하기 위해 EU 블록체인 관측 및 포럼EU Blockchain Observatory and Forum을 출범한 것이다.

흥미진진한 추이가 벌어지는 상황이다. 과거 캘리포니아 북부에 밀집한 소수少數의 두 사회사가 새로운 혁신 기업들을 쥐락펴락하며 편

딩을 해 왔다면, 이제는 이 방식마저 민주적으로 되고 있다. 과거 탐험의 시대에 네덜란드 암스테르담에서 정치 토론의 장으로 활용된 커피숍이 민주화의 물꼬를 틔운 이후 처음으로 등장한 민주화 운동이라 해도 과언이 아닐 것이다. 새로 도입된 자금 확보 수단인 '신규 화폐 공개initial coin offering, ICO'는 텔레그램과 인스타그램을 통해 크라우드 펀딩과 대규모로 공동 투자한다는 원칙에 따라 등장하게 되었다. 일부 국가에서는 ICO를 통한 자금유치 활동을 '증권발행securities offerings'으로 간주하며, 주식이나 채권발행과 같은 전통적으로 규제 대상인 금융 기능과 관련지어 규정, 보고, 투자자 보호 규정을 유사하게 적용하고 있다. 블록체인을 도입한 국가에 환경적 혹은 사회적으로 악영향을 주지 않고 세금을 징수할 수 있는 새로운 경제적 가치에 방점을 찍는 다른 국가들은 상대적으로 느슨한 규제적 접근을 취하고 있다. 이럴 경우 어떠한 위험 요소가 생겨날 수 있는지에 대해서는 다음에 논의할 것이다.

그렇다면 재계의 관점은 어떠할까? 지구상에서 -심지어는 우주에서(몇몇 '우주 코인'이 현재 개발되고 있다)- 일하고, 생활하며, 여가를 즐기는 방식에 대대적인 변화를 가져올 새로운 플랫폼을 구축하는 기업이 많아지고 있다. 푸에르토리코의 산후안, 에스토니아의 탈린, 파푸아뉴기니의 모르즈비항과 같은 예상치 못한 지역에서는 사람들이 경제 및 사회활동 방식에 대전환을 가져오기 위해 '블대륙(블록체인 기술로 운영되는 네트워크 세계)'의 방향으로 나아가고 있다. 분산원장(distributed ledgers, 복제, 공유 또는 동기화된 디지털 데이터에 대한 합의 기술-옮긴이)의 정글로 함께 사파리를 떠나보자.

Blockchain

PART 1

블록체인,
혁명의 시작

CHAPTER 1

디지털 금
'비트코인'의 출현

- 블록체인은 특별한 종류의 데이터베이스다.

- 블록체인은 제도권에 대한 신뢰를 잃으면서 '디지털 신뢰도 (digital trust, 고객, 사업 동반자와 피고용인이 기업의 사생활 및 개인 정보 보호 역량에 대해 가지고 있는 믿음의 정도-옮긴이)'를 구축해야 할 필요에 의해 등장했다.

- 시스템 작동 원리는 수학에 기초한다. 서로 신뢰할 필요가 없는 당사자들 사이에서 '참(truth)'에 대해 공통된 합의, 즉 컨센서스를 도출해 낸다.

- 이 시스템에는 다수가 소유한 다수의 컴퓨터로 대형 네트워크를 운영하기 위해 경제적 인센티브를 녹여낼 수도 있다.

적군에 포위되어 함락된 도시, 흙먼지 흩날리는 전쟁터에 서 있다고 상상해 보라. 군인들의 얼굴은 피와 먼지로 뒤덮여 있다. 비잔틴 제국이 휘두르는 복잡한 궁정 정치의 반대파인 몇몇 장군들이 연합군을 조성하여 전장을 지휘한다. 장군들과 연합군이 모두 힘을 합쳐 공격한다면, 도시를 정복할 수 있다. 단, 그들이 질서정연하게 후퇴하거나, 장군 한두 명이 적군으로부터 뇌물을 받기라도 한다면, 군대 전체가 함락될 수도 있다. 신호용 깃발이 보이지 않거나, 전쟁터에서 막사를 가로지르며 공격이라도 한다면, 상황은 더욱 복잡해진다.

이때 부하들에게 전달해야 하는 전령을 누군가가 가로채면 어떻게 될까? 장군이 적군으로부터 돈을 받아먹은 후, 잘못된 지시를 내려 아군을 위험에 빠트린다면? 서로 신뢰를 쌓지 못한 장군들이지만 아군의 승리를 위해 한마음으로 일사불란하게 공격 혹은 후퇴하도록 어떻게 군사 행동을 조직화할 수 있을까?

고대 비잔틴 제국 시절에 있을 법한 가상의 전투를 상상해 본 것이지만, 이 상상은 실제 수학적 난제-"신뢰 없는 환경에서 어떻게 신뢰를 구축할 것인가?"-를 푸는 계기가 되었다. 미국 스탠퍼드 연구소의 연구자들-레슬리 램포트Leslie Lamport, 로버트 쇼스탁Robert Shostak, 마셜 피스Marshall Pease-은 미국 항공 우주국United States National Aeronautics and Space Administration, NASA과 공동 진행한 실험에서 이 딜레

마를 제기했다. 불가사의한 게임 이론에 대해 그들이 발표한 1982년 논문[1]은 블록체인의 기본 원리에 근거를 제시하는 동시에 불편한 진실을 밝혀냈다. 유명한 비잔틴 장군의 딜레마에서 '시스템 참여자'를 나타내는 장군들이 3분의 2를 초과하고, 정보나 의사결정의 진실성에 합의해야 원래의 의도대로 시스템이 기능할 수 있다는 점이었다.

이 방법을 통해 구축된 컴퓨터 네트워크는 '비잔틴 장애 허용Byzantine Fault Tolerance'으로 설명할 수 있다. 전체 컴퓨터의 3분의 1이 네트워크 장애를 보여도 3분의 1에 문제가 없다면(조건의 순서는 바뀌어도 무방하다), 네트워크는 정상 가동한다는 의미다. 컴퓨터가 탑재된 우주선에 탔다고 가정해 보자. 컴퓨터 화면에서는 산소 시스템이 고장 났거나 엔진이 작동을 멈췄다는 신호를 나타내고 있지만, 오류가 진짜인지, 혹시 컴퓨터가 고장 난 것은 아닌지를 파악하기 위해 수리 기술자들을 호출할 수도 없는 노릇이다. 문제가 진짜인지, 컴퓨터가 고장인지를 판가름하려면 여러 대의 컴퓨터가 필요하다. 그래야 오류를 파악하거나 '비잔틴 장애 허용'과 같은 메커니즘을 알 수 있다. 이에 NASA에서는 비잔틴 장애 허용의 알고리즘을 내장한 우주선 컴퓨터를 설계했다.

시간을 2008년으로 앞당겨보자. 당시 과열된 부동산 시장에 거품이 붕괴되고, 전 세계 금융 시스템의 기초가 뒤흔들렸다. 초과수익을 챙기는 부류와 과도한 투기세력이 부를 거머쥠에 따라 신용 경색의 위기에서 얻은 큰 이윤으로 '부자들'도 많아졌지만, 그보다 더 많은 '빈자들'이 양산되었다. 주변에서 일어나는 부와 부패의 축적 현상에 서민들의 좌절감은 증폭될 뿐이었다. 어느새 거품이 빠지면서, '한 사람'의 입김이 서민들의 삶을 통제하고 돈을 앗아갈 수 있다는 극도의 두려움만 짙게 깔렸다.

사토시 나카모토의 이야기로 돌아와 보자. 그가 누구인지에 대해서는 아무도 이렇다 할 답을 내놓지 못했다. 그를 사칭하는 사람들도 몇 명 등장했다. 블록체인에 정통한 내 친구들 몇몇은 특정 소프트웨어 개발자 모임에 대한 가명이라고 추측한다. 이 책에서는 그를 인습 타파적인 미지의 천재 정도로 가정해두자.

2008년 10월, 그는 '비트코인: 개인 대 개인 전자화폐시스템 Bitcoin: A Peer-to-Peer Electronic Cash System'2이라는 제목의 논문을 발표했다. 그는 논문에서 많은 이들에게 블록체인의 기본요소로 알려진 내용을 설명했다. 당시로부터 거의 30년 전에 등장한 '비잔틴 컨센서스'를 인용하고 기타 프로젝트의 관련 요소를 혼합하여 '누군가를 신뢰하지 않아도 작동하는 신뢰 시스템trustless system' 네트워크의 화폐를 제안하고 나섰다. 이 통화의 주요 요소는 다음과 같았다.

- 새로운 디지털 화폐를 추적할 수 있기에 자동 업데이트가 가능한 다수의 복사본이 저장된 데이터베이스를 일컫는 **분산원장**
- 원장에서 나타나는 변화를 통제하는 **비잔틴 컨센서스**
- **암호화 차원에서 안전한** 화폐
- 이 화폐를 관리하는 데 필요한 컴퓨터 사이클을 태워 버리도록(burn) 사람들에게 제공하는 '채굴' 인센티브
- 사람들이 이 화폐로 거래할 때 그 메커니즘을 설명하는 거래 기록 혹은 '트랜잭션(transaction)'에 대한 **'블록'**은 '머클 트리(Merkle Tree, 블록에 포함된 거래 기록이 나무 형태로 요약되는 거래정보로, '해시 트리'라고도 함-옮긴이)' 형태에서 서로 연결되어 '블록체인'이라는 불변의 거래 기록을 형성한다.

이제 비트코인의 블록체인이 어떠한 원리로 작동하는지, 그 메커니즘을 매우 간단하게 설명하고자 한다. 기술적으로 깊이 들어가지는 않지만, 블록체인 기술의 비즈니스적 차원이나 사회 적용 부문에 더 관심이 있는 독자에게는 내용이 부담스러울 수 있을 것이다. 제3자를 신뢰할 수 있는 중개인으로 두지 않고, 서로 신뢰하지 않은 사람들 사이에서 '디지털 신뢰'를 창출하는 메커니즘을 간단하게 설명할 것이다. 다소 난해한 부분이 있더라도 내용을 차근차근 따라와 줄 것을 권한다(용어 정리 섹션을 참조하면 도움이 될 것이다). 그럼에도 불구하고 여전히 기술적인 내용이 버겁다고 느껴진다면, 1장을 건너뛰고 블록체인에 대한 뜨거운 관심 속에서 가장

많이 회자되는 영역을 알아보는 2장부터 읽어나가도 무방하다.

분산원장 기술이란 무엇일까?

하나의 바구니에 모든 계란을 넣는 식의 네트워크 혹은 데이터 시스템에는 기본적으로 문제가 많다. 특히 해킹이나 유출에 취약한 점이 치명적이다. 시스템 하나만 접근하면 은행 계좌의 잔액, 누군가의 전과 이력, 심지어 신원정보도 변조할 수 있기 때문이다. 두 번째 문제는 중앙통제방식을 취한다는 점이다. 토지소유권에 대한 모든 기록을 정부가 지정한 하나의 저장소에서 보관하는 현실을 생각해 보라. 정부 자체를 신뢰하지 못하는 사람이라면, 뭔가 개운치 않은 기분을 씻을 수 없을 것이다. 해당 정부가 부패해서 자산을 횡령할 수도 있다는 타당한 근거가 있을 수도 있다. 혹은 공무원이 뇌물을 받는 등 부패 행위의 가능성이 도사릴 수 있다. 실제로 비트코인이 등장한 시대에 많은 사람이 미국 정부와 몇몇 G7 국가들의 정부에 대해 불신이 가득했다. 그렇다고 데이터 보안의 필요성이 블록체인 기술 탄생의 정치적 배경에 국한된 것은 아니다.

그런데 장부나 원장에 동일한 복사본이 많다면 어떻겠는가? 복사본이 서로 소통하면서 자체적으로 자동 업데이트를 실시하여 네트워크상에서 회복탄력성을 일으켜서, 사기를 범하거나 돈을 횡령하려는 누군가에 의해 복사본 한 개가 의도적으로 손상된다면, 다른 복사본들이 그 문제를 해결해 줄 수 있을 것인가? 단일 장애점(single point of failure, 시스템 구성 요소 중에서 동작하지 않으면 전체 시스템이 중단되는 요소-옮긴이)이 있는 중앙원장centralized ledger이 아닌 '분산원장'을 통해 (정부를 비롯한) 단일 주체에 대한 신뢰를 기술에 대한 신뢰, 시스템을 본래의 모습대로 왜곡하지 않는 P2P 네트워크에 대한 신뢰로 교체하면 어떨까?

블록체인들은 예외 없이 분산원장의 형태를 띠고 있지만, 모든 분산원장기술distributed ledger technology, DLT이 블록체인의 형태로 구현되는 것은 아니다. 같은 현상을 두고 사람마다 다른 용어를 사용하기 때문에 얼핏 들으면 용어 자체가 헷갈릴 수 있다. 예를 들어 인기 있는 스마트 계약(smart contract, 블록체인 기반으로 금융거래, 부동산 계약, 공증 등 다양한 형태의 계약을 체결하고 이행하는 것-옮긴이)의 프로토콜(protocol, 기본 기술 요소인 코드-옮긴이)인 이더리움Ethereum의 창시자 비탈릭 부테린Vitalik Buterin은 업계 사람들뿐 아니라 60여 년 동안 이어온 네트워크 이론에서 표현하는 '분산'을 '탈중앙decentralized'이라는 단어로 대체하여 사용한다. 이더리움에 관한 이야기는 잠시 후에 해 보기로 하고, 이 책에서는 편의성과 일관성을 위해 블록체인이 기입되는 원장을 '탈중앙 원장'이 아닌 '분산원장'으로 표기하여 설명할 것이다.

비잔틴 컨센서스와 비잔틴 장애 허용

비잔틴 장애 허용은 의사결정권자들이 참여하는 네트워크(이 경우에는 정보저장장치들로 구성된 네트워크)를 보다 효과적으로 관리하기 위한 방법을 제안한다. 각 저장장치는 '노드(node, 근거리통신망(LAN), 즉 네트워크의 기본 요소인 지역네트워크에 연결된 컴퓨터와 그 안에 속한 장비들을 통틀어 하나의 노드라고 한다—옮긴이)'라고 한다. 네트워크에 저장된 정보를 변조하려면, 정보가 유효하다는 사실에 대해 전체 노드 중 61퍼센트의 인정을 받아야 한다(이 경우에는 원본의 3분의 2 이상으로 기준점이 변할 수 있다).

자, 이제 이 정보를 10,000개의 노드에 분산한다고 가정해 보자. 네트워크에 잘못된 정보를 넣으려면 단기간에 5,001개의 노드를 손상해야 하는 시스템을 만들어야 한다. 이 방법에는 신용카드 네트워크나 전자증권거래소를 운영하는 연산비용에 비해 더 많은 비용이 소요된다. 단, 데이터 처리력이 많이 투입되는 대신, 네트워크의 결괏값에 대한 신뢰를 얻게 된다.

비트코인을 초기에 받아들인 얼리 어댑터들만큼 정부를 믿지 못하는 이들이라면, 힘든 수학적 풀이와 연산을 거쳐서야 비로소 인터넷에서 연결된 낯선 이들과의 거래 결괏값을 의심하지 않고 수용할 수 있을 것이다. 비트코인은 정부의 권력에 반대하는 이상주의자들의 연합세력에 의해 시작된 것이다. 호기심 많은 학자들과 관심 많은 일반인들, 그리고 (소위 말하는) 돈세탁에 가담한 범죄자들이 주로 그 당사자들이었다. 컨센서스의 저항성을 키우건, 효율성이나 확장성을 키우건, 합의 도출을 최적화하기 위한 다양한 노력이 있을 수 있다. 합의에 관한 기본적 개념들은 1982년 SRI 논문에 게재되었다.

블록과 머클 트리

블록체인은 불변성(immutability, 블록이 순차적으로 연결되면, 수정하거나 삭제하기 어려운 특징-옮긴이)의 문제를 해결해야 한다고 하는데, 어떠한 의미가 내포되어 있을까?

'제로 트러스트(zero trust, 근거 없이는 아무것도 믿을 수 없다-옮긴이)' 시스템에 신뢰를 구축하려면, 참여자 모두가 모든 거래 장부, 즉 변조할 수 없는 기록을 볼 수 있으면 된다. 이럴 때 데이터가 무결성을 갖고 있다는 믿음이 생긴다. 내가 당신에게 돈을 전송했다고 가정해 보자. "내가 디지털 달러를 송금하고 나면, 그 돈을 다른 곳에 사용할 수 없게 된다"(이중 지불 문제)는 명제를 입증하는 차원에서 '무결성'은 중요하다. 이때 물리적 화폐를 이용할 경우, 지폐나 동전 혹은 물리적 토큰을 빌려줄 것이다. 그렇게 되면 그 돈은 내가 아닌 당신의 손에 있게 된다. 한편 내가 '1'과 '0'을 단순히 복제할 수 있는 디지털 세상에서, 당신에게 그 돈이 있고 내겐 없다는 사실을 어떻게 보장할 것인가? 기존 은행권을 이용한다면, 은행이 내 계좌에서 특정 금액을 인출하여 당신 계좌에 송금하리라는 믿음이 있을 것이다.

2008년 금융위기 직후, 은행에 신뢰를 잃은 여러 사람들처럼 만약 우리도 은행을 신뢰하지 못한다면 어떻게 될 것인가? 이 문제를 수학적으로 해결할 수 있을 것이다. 강력한 보안이 보장된 데이터베이스인 회계 메커니즘을 개발할 수 있을 것이다. 누가 무엇을 가졌는지를 기록하고, 내 계좌에서 빠진 유닛unit 하나가 당신의 계좌에 들어가도록 보장한다.

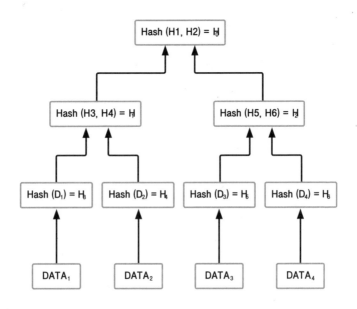

머클 트리는 거래에 대한 불변의 이력을 구축하는 데 도움이 되는 흥미로운 수학적 방법이다. 머클 트리로 특정 숫자에 대해 일련의 계산을 할 수 있다. 이 방정식의 결괏값은 두 번째 계산식에 대한 입력값으로 이용된다. 그다음 두 번째 계산식의 결과는 세 번째 계산식에 이용되는 등 끝없이 이어질 수 있다. 다시 말해, 세 번째 계산식에 영향을 주지 않고 두 번째 계산식의 요소를 변조할 수 없고, 두 번째와 세 번째를 변조하지 않고 첫 번째 계산식을 변조할 수 없다는 의미다. 이처럼 다양한 방정식은 나무와 같은 구조로 연결되어 있다. 왼쪽의 다이어그램에서 아랫단부터 시작해서 위로 올라가다 보면, 개별 데이터 요소가 어떻게 혼합되어 이 나무를 형성하는지 알 수 있을 것이다.

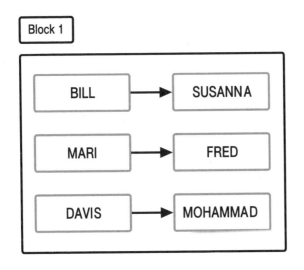

나무 중간을 베게 되면 상단 부분이 쓰러질 수밖에 없다. 이처럼 방정식의 전체 수열이 서로 연결되어 있으므로 무결성을 확보할 수 있게 된다. 그렇다면 서로 무관한 거래 기록을 합치면 어떻게 될 것인가? 빌이 수잔나에게, 마리가 프레드에게, 데이비스가 모하마드에게 돈을 준다고 가정해 보자. 이 사람들은 서로 알지 못한다. 그러나 각기 다른 금융거래 기록이 수학적으로 '블록'이라고 하는 하나의 데이터 저장 단위로 모이게 된다. 블록에 대해 암호화 계산을 실행하면, 모든 거래 기록이 연결되어 하나의 기록을 변조하면 전체 기록을 변조하는 셈이 된다. 전체 거래가 방정식 결괏값의 일부이기 때문이다.

수잔나가 자신의 돈 일부를 아치에게 송금한다고 가정해 보자. 레이첼은 퀜틴에게 송금하는 등 타자의 거래도 이어진다. 이처럼

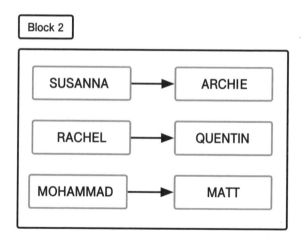

일련의 거래를 통해 새로운 블록이 형성된다.

'블록 2'를 계산하는 데 사용하는 수학 기법의 일부로 '블록 1' 방정식의 결괏값을 사용한다.

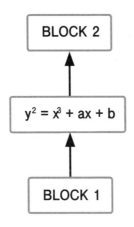

특정 블록의 결괏값을 다음 블록에 대한 입력값 중 하나로 이용함으로써, 이들 블록은 머클 트리나 체인에 한데 연결되어 '블록체인'을 형성하게 된다. 이 블록체인은 가짜 기록을 삽입하기 매우 까다로운 특징을 갖고 있다. 단일의 거래 기록을 변조하려면 각기 다른 연산 전체를 변경해야 하기 때문이다.

이 개념을 '작업증명Proof of Work, POW'이라고 칭하기도 한다. 마커스 제이콥슨Markus Jakobsson과 아리 쥬엘스Ari Juels[3]가 1999년 작성한

논문에서 처음으로 언급된 작업증명 알고리즘은 '분산 서비스 거부distributed denial of service, DDOS'와 같은 공격을 물리치는 의도를 지닌다. DDOS 공격에서 사이버 범죄자는 시스템이 과부하에 걸려 장애를 일으킬 때까지 웹서버에 빠른 속도로 반복해서 리퀘스트로 도배할 수 있는 기계 부대를 동원할 것이다. 광기에 찬 과학자의 지시대로 성을 공격하는 좀비 떼를 연상하면 된다. 좀비 떼의 공격은 말 그대로 막무가내지만, 성벽을 계속 강타하면 성벽은 무너질 것이다. 한편 DDOS에 대한 방어책이 하나 있다. 공격을 가하는 각 기계가 계산(복잡도 수준은 중간 정도)을 실시하도록 하는 것이다. 이를 통해 네트워크가 마비되는 시간을 최대한 지연시키고, 어마어마한 수의 컴퓨터가 투입되어야 겨우 시스템이 마비되도록 할 수 있다. 좀비 공격에 비유하자면, 각 좀비가 방정식을 풀어야 주먹으로 공격을 가할 수 있도록 강제화하는 것이다. 결국 공격 자체가 실행될 수 없도록 하여, 성(네트워크와 그 안의 데이터)은 안전하게 된다.

단, 머클 트리와 더불어 작업증명POW이 필요하다. 만약 없는 경우, 사이버 범죄자는 트리 전체를 재연산 처리하여 거짓된 입력값을 주입할 수 있게 된다. 물론 POW가 유일한 해결책은 아니다. 일례로 에스토니아는 비트코인에 대한 비허가형 체인인 '개방형 체인public chain'이 아닌 '비공개 체인private chain'을 이용한다. 이 국가는 POW 없이 시스템에서 무결성을 증명하는 방법을 찾았고, 현재 〈뉴욕 타임스〉에 매월 에스토니아의 머클 트리 상단 해시값top hash을 공시하며 무결성을 증명하고 있다.

그러나 일반적으로 POW는 정부나 유수의 언론사 같은 신뢰 기관의 매개 없이 유용하게 이용될 수 있는 알고리즘으로 입증되었다. 비잔틴 장애 허용과 연동되어, 매우 높은 수준의 데이터 보증 기준을 보유한 회복력이 강하고resilient 안정적인redundant 네트워크를 구축할 수 있다. 지분증명(proof of stake, 암호화폐를 보유한 지분율에 비례하여 의사결정 권한을 주는 합의 알고리즘-옮긴이) 혹은 권한증명 proof of authority 등과 같은 증명방식 구축에 다양한 방식을 이용할 수 있다는 점을 일러둔다. 단, 이 책에서는 작업증명POW을 주로 언급할 것이다. POW가 블록체인 중에서도 가장 규모가 큰 '비트코인의 블록체인'을 위한 증명방식이기 때문이다.

또한 예시에서 '돈'을 이용하는 이유는 여러 개념의 이해를 돕기 위함이다. 실제로 돈은 단순히 1과 0의 수열로 구성된 데이터에 불과하다. 이러한 종류의 블록체인은 재무데이터를 비롯한 온갖 종류의 데이터를 이용해 형성할 수 있다. 임상시험 결과를 기록하거나, 식탁에 오르는 특정 식품의 원산지를 추적하거나 자신이 사는 집의 대지 소유주가 누구인지에 대한 기록을 매핑mapping, 지도화할 수 있다.

블록체인에서 채굴이 중요한 이유

블록체인 분야에서 채굴은 매력적인 개념이다. 비잔틴 컨센서스, 미클 드리, 블록에 관한 내용을 상기해 보자. 그리고 이 조합에

'경쟁'의 요소를 가미해 보자. 특정 블록을 생성하기 위해 거쳐야 할 수학적 루트가 3~4개 되기 때문에, 이 중에서 가장 효율적인 루트를 선택하고자 할 것이다. 그런데 이때 상금을 준다면 어떨까? 앞에서 언급한 돈에 관한 예시에서 총상금이 10파운드라고 가정해 보자. 예를 들어 서로 무관한 일련의 트랜잭션 3개에 대해 블록을 계산한 대가로 누군가에게 10펜스를 준다고 해 보자. 단, 이 과제를 정확하게 완수한 첫 번째 사람에게만 준다. 컴퓨터와 저렴한 전기세를 내는 누군가는 용돈벌이 차원에서 이 과제를 할 수 있을 것이다. 이때 10펜스를 '채굴비'라고 한다. 게다가 채굴비를 받으려는 여러 채굴자 간에 경쟁이 펼쳐진다. 경쟁의 승자는 수학적으로 가장 효율적인 계산을 한 사람이 된다.

채굴비는 수천 명의 사람이 자신이 컴퓨터에 소프트웨어를 부팅하여 블록체인을 가동하는 데 필요한 복잡한 트랜잭션을 이행하도록 유도하는 취지를 갖고 있다. 다시 말해, 블록체인이 매우 안전하고 불변의 기록을 재생하는 우수한 기능을 갖고 있지만, 구동해야 하는 컴퓨터 사이클이 워낙 많아서 비용이 막대하게 들어간다. 그런데 만약 당신이 컴퓨터를 여러 대 구매하거나, 아마존웹서비스Amazon Web Services, AWS에서 서버 타임을 구매하길 원치 않는다면 어떨까? 분산된 방식으로 사람들이 자신의 컴퓨터 용량을 이용해서 당신의 수학 퍼즐을 풀도록 하고 보상의 형태로 성의를 표할 수 있을 것이다.

블록체인의 다른 측면이 그런 것처럼, 채굴자들의 네트워크를 참여시켜 분산형 컴퓨터 네트워크상에서 계산을 시키는 것은 새로운 개념이 아니다. 분산형 수학 연산의 개념이 이용된 사례는 그전에도 많이 있었다. 가장 널리 알려진 '집단 연산crowd calculation'의 사례로 SETI@home과 Folding@Home을 꼽을 수 있다.

우선 SETI@home부터 살펴보자. 천문학자들이 외계인의 흔적을 나타내는 패턴이 있는지 여부를 파악하기 위해 센서로 수집한 무선 시그널 암호를 해독하려고 개발한 것이다(SETI는 'Search for Extra-Terrestrial Intelligence'의 약자로 외계의 지적 생명 탐사를 의미한다). 학계에서 흔히 있는 일이지만, 그들은 야심 어린 실험의 취지에 비해 줄곧 재정 지원을 충분히 받지 못했다. 그러던 중 개인용 컴퓨터의 인기가 치솟았던 90년대가 되었을 때, 데이비드 제다이David Gedye, 우디 설리번 Woody Sullivan, 댄 베르타이머Dan Werthimer, 데이비드 앤더슨David Anderson 연구진의 뇌리를 쳤던 아이디어가 있었다. 사람들의 컴퓨터에 약간의 코드를 제공하면, 컴퓨터가 구동은 되지만 '유휴idle' 상태에 있을 때 약간의 복잡한 분석 작업을 시행하도록 할 수 있다는 생각이었다. 연구자들은 이 아이디어에 흥분을 감추지 못했다.

또 다른 비슷한 사례로 Folding@Home이 있다. 사람들의 생명을 구할 수 있는 신약을 개발하기 위해 단백질 작용 기전에 관한 많은 분자생물학적 연산을 수행하고자 했다. 그들도 연구에 필요한 컴퓨터 실행 시간 전체를 구매할 만한 자원이 없었기 때문에, SETI@home처럼 분산형 네트워크 컴퓨팅을 이용한 연산 수행 작업에 대해 크라우드 소싱(crowd sourcing, 기업활동의 전 과정에 소비자 또는 대중이 참여할 수 있도록 일부를 개방하고 참여자의 기여로 기업활동 능력이 향상되면 그 수익을 참여자와 공유하는 방법-옮긴이)을 실시했다.

SETI@home으로부터 분산 컴퓨팅에 대한 아이디어를 착용하여 새로운 화폐를 만드는 데 적용할 수 있다. 똑똑한 외계인을 찾아낸다는 고귀한 목표를 추구하기보다는 약간의 돈을 벌기 위해 사람들에게 인센티브를 주며 연산 수행 과정에 사람들이 참여하도록 유도할 수 있을 것이다. 미국 달러화나 유로화와 같은 '법정 통화(fiat currency, 실질적 가치와는 관계없이 표시된 가격으로 통용되는 지폐·은행권 등과 같은 명목 통화-옮긴이)'의 대안으로 비트코인을 사용하고자 했던 이상주의자들이 블록체인을 처음으로 이용한 사람들이었기 때문에, 기존 금융 시스템에 대한 대안을 만드는 것이 목표였다. 특정 아이디어에 착안해서 화폐를 개발한다고 해서 이상주의와 거리가 멀다고 볼 수는 없을 것이다.

블록체인에는 채굴이라는 경제적 기전이 내재되어 있으므로, 수천 명의 채굴자가 네트워크에 참여하도록 유도하는 인센티브도 확보되어 있다. 그러나 (데이터 관리와 같은 분야 대신) 주로 블록체인의 금융 화폐적 응용 분야에 관심이 있는 독자들도 있을 것이다. 통화 당국이 화폐를 더 찍어내는 구조에서 화폐의 가치가 끝도 없이 상향되는 상황을 저버리는 데 관심이 많은 독자도 있을 것이다. 사토시 나카모토는 비트코인의 희소성을 이용해 가치가 높은 화폐로 만들고 싶어 했다. 전체 발행량을 2,100만 개로 정해 두고, 코드 속에 이 내용을 심어 두었다. 비트코인이 제한된 범위 내에서 더 많이 발행될수록, 생성(채굴) 난도는 더 높아진다. 따라서 사람들이 더 많이 채굴함에 따라 자동으로 채굴 가능량과 속도는 줄어든다. 금과 달리 공급량이 유한하다는 의미다. 그 결과 일부 국가에서는 비트코인과 같은 암호화폐를 화폐로 분류하지 않고 금과 같은 원자재로 분류하여 규제한다.

암호화폐의 탄생

자, 이제 본격적으로 암호화폐가 탄생하게 된 배경과 모티브를 알아보자. 디지털 화폐는 '비트(bit, 2진수로서 0 또는 1의 값을 가지며 전원 'on/off'로 표현되거나 전기 충전도, 광 펄스, 전파 신호의 유무로 표현됨-옮긴이)'와 '바이트(byte, 8개 단위의 비트가 속한 하나의 그룹으로, 즉 1바이트가 8개의 'on/off' 상태를 조합하여 나타낼 수 있는 수는 총 256임-옮긴이)'로 구성되었기 때문에, 더 많이 생성하는 것은 충분히 가능하다고 생각할 수 있다. 미국 정부가 돈을 더 원할 때는 달러화를 더 찍어내는 것과 비슷하나고 생각할 수 있다. 그러나 미국 달러화는 어떠한 원자재와도 연동되어 있지 않다. '미국 정부에 대한 완전 신뢰'를 토대로 -달러화를 수용하는 사람들이 어떻게 해석하건 간에-달러화에 대한 사람들의 수용가액을 기준으로 가치가 매겨진다. 그래서 달러화의 틀에서 벗어나고자 한 컴퓨터 프로그래머들 몇몇이 서버에 '주조된minted' 화폐를 만들게 된 것이다. 암호화를 이용하여 안전하게 보관되어 있으므로, 디지털 화폐를 '암호화폐'로 칭했다.

비트코인이 처음 소개되었을 당시, 제도권에 대한 대중의 신뢰가 바닥을 치고 있었다. 전통적 금융 시스템과 더욱 광범위하게는 정부와 기업체와 같은 제도권에 대해 대중의 환멸이 만연하던 시기였다. 사토시 나카모토는 달러화처럼 무한 발행할 수 있는 화폐보다는 금처럼 유한한 양을 지닌 화폐를 바랐다. 그는 희소성을 지닌 디지털 화폐로 변모시킬 몇몇 정교한 요소를 비트코인의 코드 안에 삽입했다. 무엇보다도 채굴 가능한 비트코인의 총공급량에 제한을 걸어 두었다. 2,100만 개가 총 발행 가능한 양이다. 비트코인의 블록체인에 저장된 새로운 블록들을 계산하는 과정을 통해 비트코인이 생성되는 방식이다. 채굴을 통한 새로운 비트코인의 생성 속도는 곡선상에서 하향하고 있다. 이론적으로는 '비트코인 코어(bitcoin core, 비트코인의 기반이 되는 노드 운용 소프트웨어 개발 단체-옮긴이)'로 알려진 몇백 명 규모의 개발자 집단이 새로운 컴퓨터 코드를 생성하기로 하지 않는 한, 그리고 새로운 코드를 업로드하여 소프트웨어상에 변화를 수용할 것인지를 두고 비트코인 서버를 통제할 집단이 투표하지 않는 한, 한계점에 도달하기 마련이고, 비트코인은 희소성으로 인해 가치가 상향할 수 있다.

더욱 흥미로운 사실은 1,000만여 개에 달하는 비트코인이 이미 영구적으로 유실되었다는 얘기가 있다. 돈의 잠금을 열기 위한 암호키를 잊어버렸거나 데이터가 저장된 컴퓨터를 폐기해 버린 경우 등이다. 사토시 나카모토는 초기에 확보한 비트코인을 지출하지 않는 듯하다. 따라서 현재 실제로 거래 가능한 비트코인의 총량은 훨씬 더 줄어들고 있다. 지금까지 총 1,100만 정도로 추산된다.

비트코인 열풍을 이야기할 때 비교 대상으로 80년대 '비니 베이비(Benie Babies, 90년대 세계적으로 인기를 끌었던 수집 인형-옮긴이)'가 언급되곤 한다. 그러나 비니 베이비와는 달리 비트코인은 희소성 그 이상의 여러 장점을 지닌다. 국제 송금 거래와 같은 금융 시스템의 마찰 요소를 줄이는 데도 사용할 수 있다. 케냐로 송금할 때 현재 수수료 15퍼센트를 지급하지 않고 비트코인 시스템을 이용하면 여러 중개 기관과 오래된 송금기술에 의존하지 않고 1.5퍼센트 혹은 심지어 0.15퍼센트만 지불하면 된다. 최소한 현재 기준으로 비트코인의 가치가 '제로'가 아니라는 점은 확실하다. 코인 한 개에 2만 파운드인지, 천 파운드 혹은 백 파운드인지 알 수는 없지만, 현재 기준으로 제로 파운느 그 이상의 가치를 지닌다.

다른 암호화폐들도 희소성의 원칙에 따라 발행되었다. 이 글을 쓰는 시점을 기준으로 했을 때, 디지털 토큰 전체의 명목적 시가총액은 대략 수천억 파운드에 달한다. 암호화폐의 가치에 대해 글을 쓸 때마다 늘 신중해야 한다. 2017년 내가 첫 번째 핀테크 도서를 집필했을 당시 비트코인의 가치는 70억 파운드에 달했고, 2017년 가을 강연을 하던 당시 4천억 파운드를 상회했다. 현재 비트코인 BTC과 비트코인 캐시(bitcoin cash, BCH, 2017년 8월 1일 기존 비트코인의 블록당 저장 용량을 늘리기 위한 세그윗SegWit을 계기로 우지한 사장이 이끄는 비트메인Bitmain, 비아비티씨viaBTC 등 중국의 채굴업체들이 중심이 되어 새로 만든 암호화폐-옮긴이)를 혼합하면 총 시가총액이 1,500만 파운드 정도다. 당신이 이 책을 읽을 시점이면, 합산 시가총액이 달라져 있을 것이다(사실은 오를지 내릴지, 그대로일지 모르겠다).

폰지 사기(Ponzi scheme, 신규 투자자의 투자금으로 기존 투자자의 수익을 메꾸는 수법의 사기로, 투자자가 새로 유입되지 않으면 기존 투자자들은 수익을 배당받지 못한다-옮긴이)에 사용된 구조도 언급할 만하다. 이미 폰지 네트워크에 있는 사람들은 신규 투자자들의 투자금으로 수익을 창출한다. 이탈리아 연구자들 -마씨모 바르톨레티Massimo Bartoletti, 살바토르 카르타Salvatore Carta, 티지아나 치몰리Tiziana Cimoli, 로베르토 사이아Roberto Saia- 은 2017년 1,500여 개의 블록체인 토큰을 조사했고, 그중 10퍼센트 이상이 진정한 폰지 사기의 구조를 띠고 있다고 결정했다. 10퍼센트는 너무 낮게 잡은 수치가 아닌지,

폰지 사기의 색깔이 짙다는 일각의 목소리도 거세다.

여러 다른 신규 기술이 그러하듯, 경제적 가치를 창출할 수 있다는 점은 사기꾼들의 이목을 집중시키기에 충분했다. 기술의 실제 잠재성과 수익화 방법에 대한 흥분과 혼란의 도가니 속에서 이윤을 갈취하려는 이들이다. 그렇다고 기술이 약속하는 기회를 무효로 하진 않는다. 다만 블록체인 관련 자산으로 투기를 할 생각이라면 신중을 기하라는 말을 전하고 싶다. 라틴어에 '카베아트 엠프토르caveat emptor'라는 말이 있다. '매수자(사는 사람)가 조심하라'는 뜻이다. 코인에 투자하고자 한다면, 철저히 준비하고 조사하길 바란다.

암호화 기술과 보안

신뢰에 대한 질문과 안전한 데이터 시스템을 만드는 방법에 관한 이야기로 돌아가 보자. 비트코인의 블록체인은 '타원 곡선 암호(elliptic curve encryption, 기존의 공개키 알고리즘을 타원 곡선에 적용해 구현한 암호체계로, 암호 알고리즘 방식 중에서 강력한 보안성을 제공한다-옮긴이)' 기술을 이용했다. 암호화 기술의 가장 기본적인 요소에는 데이터의 '잠금' 및 '해지' -즉 암호화 복호화- 에 이용되는 '키key'를 만드는 데 몇 개의 글자가 들어갈 것인지에 관한 문제가 있다. 예를 들어 'a123'으로 구성된 키는 'abc12345678'로 구성된 키에 비해 안전하지 않을 수 있다. 해커가 코드를 풀려면 길이가 긴 키에서 더 많은 조합을 시도해야 하기 때문이다. 다양한 종류의 '공개키 암호

(public key cryptography, 모든 사람이 알고 있는 키이고, 메시지를 암호화하거나 디지털 서명을 검증할 때 사용된다-옮긴이)'에 비해 길이가 짧은 암호키를 갖기 위해 타원 곡선 암호에서는 고도화된 수학 연산을 이용한다. '공개키 인프라Public Key Infrastructure, PKI'는 공개키가 있으면 누구나 메시지를 암호화할 수 있다. 반대로 개인 키private key의 경우, 수신자 혹은 보유자만 메시지 암호를 풀 수 있다. 메시지를 암호 및 복호화하기 위해 개인 키가 있어야 하는 다른 암호화 형태들도 있다. 키의 길이가 짧다는 것은 암호화 작업에 상대적으로 적은 횟수로 컴퓨터 주기를 구동해도 된다는 의미다. 주기가 짧아지면, 프로세스의 속도와 효율성이 높아진다.

이론적으로는 256비트의 타원 곡선 암호를 푸는 데 수십 년이 걸릴 것이다. 그러나 양자 컴퓨터(quantum computer, 얽힘entanglement이나 중첩superposition 같은 양자역학적인 현상을 활용하여 자료를 처리하는 계산 기계-옮긴이)를 실행하게 되면, 몇 분 안에 기존의 금융 시스템(이 외에도 비트코인과 이더와 같은 새로운 금융 수단) 전반에 걸쳐 이용하고 있는 암호기술을 풀어낼 수 있을 것이다. 현재는 포스트 양자 암호의 시대에 대해 적극적으로 고민해야 할 시점이다. 그때가 되면 암호화가 더욱 강력해질 것이고, 암호화를 하려는 사람들이 더 많아질 것이다. 그러나 현재로서는 비트코인 네트워크가 타원 곡선 암호기술을 토대로 꽤 강력한 보안성을 확보하고 있다.

포크란 무엇일까?

수천 개의 노드로 구성된 네트워크의 분산형 거버넌스 구조로부터 '양날의 검'과 같은 요소가 등장했다. 네트워크에서 연결점을 의미하는 각 노드에는 핵심 소프트웨어에 변화를 가할 것인지에 대한 투표권이 부여된다. 거버넌스란 시스템 -이 경우에는 비트코인의 블록체인- 이 의사결정을 내리는 방식을 뜻한다. 시스템 참여자들이 동의하도록 할 수 없는 경우, 누군가는 소프트웨어의 특정 버전으로 작업하기 시작할 것이고, 누군가는 소프트웨어의 다른 버전으로 작업하기 시작할 것이다.

바로 이때 등장하는 것이 '포크(fork, 단일로 연결된 체인의 한 지점에서 두 갈래로 갈라지는 것-옮긴이)'다. 비트코인 코드가 두 갈래로 갈라지는 분기점이다. 이러한 이유로 비트코인BTC과 비트코인 캐시BCH가 생겨났다. 하드 포크hard fork는 블록체인 거버넌스를 벗어나 민주적으로 의사결정을 내리는 과정에서 도출된 예상치 못한 결과를 뜻한다. 기독교가 유대교로부터 분리되어 나온 것, 그로부터 수세기 이후에 유대-기독교 성경을 토대로 이슬람교가 발전한 것에 비유할 수 있다. 단, 그보다는 훨씬 빠른 속도라고 생각하면 된다.

최초의 블록체인들이 서로 연결되었을 때에는 새로운 변화 도입을 투표에 부친다는 이상적인 개념이 있었다. 네트워크를 한두 명이 아닌 여럿의 손에 맡긴다는 훌륭한 개념이다. 특정 아이디어의 채택 여부에 대해 투표했을 것으로 추측할 뿐이다. 그런데 새로운 종으로의 진화를 골자로 하는 다윈의 진화론처럼, 예측할 수 없는 새로운 결과로 진화되었다. 특정 프로토콜의 새로운 종을 생성한다는 개념에서 새로운 아이디어가 등장했다. 이 효과를 설명하기 위해 '멀티 스레드 프로세싱(multi-thread processing, 하나의 프로세스는 하나의 스레드를 가지고 작업을 수행하게 되지만, 멀티 스레드multi thread란 하나의 프로세스 내에서 둘 이상의 스레드가 동시에 작업을 수행-옮긴이)'에서 착안한 '포크' 현상이라는 개념이 있다. 프로토콜의 세계관에서 포크 현상이란 두 갈래로 나뉘는 분기점이 존재한다는 의미를 지닌다. 따라서 하나의 비트코인 대신, 두 개의 비트코인이 존재하는 것이다. 마블 영화의 '다중우주' 세계관에 견줄 수 있다. 이 포크들은 하나의 주요 결정에서 파생되어 나와, 각자의 삶을 이어가기 시작한다.

포크는 특정 프로토콜이 갖고 있을 수 있는 '임계 질량'을 줄어들게 하는 한편, 다윈의 진화론이 기량을 펼칠 기회를 만들어 내기도 한다. 시간이 지나면서 최고의 아이디어는 그 잠재력을 입증해 보일 것이다.

이더리움과 스마트 계약, 그리고 디앱

이더리움은 2013년 비탈릭 부테린이 처음으로 출시한 새로운 종류의 블록체인이다. 프로그래밍 방식이 비트코인의 블록체인에 비해 훨씬 배우기 쉽고, 확실히 더 유연한 특징을 보였지만, 채굴과 블록의 여러 동일한 특징은 그대로 반영했다. 이더리움의 가장 큰 차별점은 '스마트 계약'을 도입했다는 점이다. 스마트 계약의 취지는 블록체인을 보다 분산형 운영체제로 만드는 것이었다. 그렇게 만들어진 운영 시스템에서 다양한 프로그램이나 애플리케이션을 구동할 수 있길 바랐다. 비트코인의 블록체인이 화폐로서 구동하도록 최적화되어 있지만, 이더리움의 블록체인은 다목적성을 염두에 두고 구성되었다.

'스마트 계약'의 이름만 들으면 개념을 오해하기 십상이다. '스마트'하지도, '계약'의 형태도 아니기 때문이다. 스마트 계약이란 특정 상황에서 수행하는 일련의 명령어를 지칭한다. 이더리움 블록체인 네트워크 상단에 다양한 종류의 컴퓨터 프로그램을 구동하기 위한 운영체제로 설계되었고, 이 점이 이더리움의 최대 특장점이다. 이러한 프로그램들은 분산형 애플리케이션 혹은 '디앱'으로 알려져 있다.

이러한 요소가 통합되면 보안이 강화된 분산형 프로그래밍 플랫폼이 구현될 수 있다. 블록체인이 이제는 화폐 위주의 시스템에서 다양한 분야에 응용될 수 있게 된 것이다. 다중화(redundancy, 동일한 시스템이 복수로 갖춰져 있어 장애 발생 시 다른 시스템이 기능을 대체하는 특성-옮긴이), 회복 탄력성resilience, 신뢰trust가 주요한 요소인 상황 -특정 부동산의 소유자 정보, 선거에서 특정 유권자의 투표 내용에 대한 정확한 기록 등- 에서 문제 해결에도 응용될 수 있게 되었다.

라이트닝 네트워크와 해시그래프

비트코인의 블록체인과 이더리움의 블록체인 같은 시스템을 이용하여, 무신뢰 환경에서 신뢰를 창출하고, 불변성, 대량의 연산력에 대한 접근성 같은 각종 문제를 해결해 왔다. 그러나 그 대가로 속도와 확장성을 희생해온 것도 사실이다.

더 많은 사람이 비트코인을 주고받으며 활발하게 사용함에 따라 블록의 크기가 커지고, 크기가 커지기 때문에 각 블록에서 연산을 수행하는 시간이 더 오래 걸리게 된다. 만약 몇몇 사람들이 동시에 송금하길 바라면 -2017년 12월과 2018년 1월, 비트코인의 가격 급등과 급락이 연이어 발생하던 당시- 각 블록의 계산 처리 속도가 급격히 하락한다. 마스터카드MasterCard는 초당 처리량transactions per second, TPS이 대략 44,000건이고, 페이팔PayPal은 193건이다. 그러나 이더리움은 평균 20TPS로 처리하고 있고, 비트코인의 경우 (속도 조정 이후 기준) 평균 7~9TPS에 불과하다. 채굴자와 채굴용 컴퓨터의 수가 한정적인 상황에서 많은 사람이 동시에 거래하고자 한다면, 본인의 블록이 정산될 때까지 기다려야 한다. 앞서 언급한 2017~2018년 폭등 시기에는 블록 정산에 10분이 훨씬 넘는 시간이 소요되었다.

속도 문제를 해결하기 위해 다양한 접근법을 활용할 수 있을 것이다. 비트코인 상단(혹은 바깥)에서 새로운 코드를 연결하는 '라이트닝Lightning' 방식이 있다. 비트코인이나 블록체인에 진지하게 심취한 사람들이 반길 만한 개념이다. 시스템 전반에 걸쳐 처리할 수 있는 TP 속도를 높이기 위해 노드의 서브셋subset을 생성하는 비트코인을 덧입히는overlay 방식이다. 노드의 서브셋에서 구동하기 때문에, 모든 노드가 상호 소통할 필요가 없어져 처리 속도가 훨씬 높아진다.

블록체인 신생기업 리플(Ripple, XRP로 칭함)도 이 방식을 취하고 있다. 블록체인 노드의 기본적인 완전 분산형 네트워크를 이용하여 노드를 리플의 XRP 프로토콜을 위해 더 작은 서브 트리 단위로 나눈다. 각각의 서브 트리는 계산의 서브셋에서 작동하여, 처리 속도를 크게 개선할 수 있다.

헤데라 해시그래프Hedera Hashgraph는 (데이터 조각을 의미하는) '가십gossip'을 전파하여 연산 속도를 가속화하기 위해 여러 장치가 투입되고 두루 분산하된 네트워크를 최대한 활용한다. 조직화되고 농기화된 합의가 필요 없는 방식으로, 이론상으로는 25만 TPS까지 속도를 높일 수 있다.

이제, 블록체인이 적용될 수 있는 다양한 분야를 살펴볼 수 있을 정도로 기본 지식은 습득했다. 지금까지 블록체인 이면의 기본적인 디딤돌을 설명했고, 블록체인에 관한 몇몇 이슈와 잠재적 해결책을 검토했다. 또한 다양한 업종에서 블록체인이 어떻게 사용될 수 있는지 이해할 수 있도록 기초 정보를 제공했다. 그러나 자세한 내용을 알아보기 전에, 블록체인이라는 대형선박의 선체에 조금씩 구멍을 내는 숨은 물고기 떼에 대해서도 짚고 가야 한다.

❖ 2008년 금융위기 상황에서 블록체인이 등장하게 된 배경

❖ 비잔틴 컨센서스, 작업증명, 채굴, 타원곡선 암호와 같은 주요 요소의 개념 설명

❖ 비트코인의 블록체인이 지닌 일부 한계점, 이더리움과 리플(XRP) 같은 몇몇 암호화폐 소개

의심에서 열광으로,
암호화폐 신드롬

- 신기술이 소개될 때, 주로 마케팅과 스토리텔링에 방점이 찍히는데, 블록체인도 예외가 아니다.

- 오픈소스 개발자들을 모집하려면 이러한 노력도 어느 정도는 필요하다.

- 과도한 열풍은 과도한 판촉 행위로 이어져, 블록체인 업계 전체의 신뢰도를 해칠 뿐 아니라 보안법에 저촉될 수도 있다.

블록체인 열풍에는 '로큰롤rock and roll' 분위기가 녹아 있다. 블록체인 세미나와 회의 같은 각종 행사는 록 콘서트를 방불케 하고(업계의 한 파티에서 미국 래퍼 스눕독Snoop Dogg이 참여해 헤드라인을 장식했다) 블록체인 관련 전문가들이 이비자(Ibiza, EDM의 성지라고 불리는 스페인의 섬으로, 전 세계에서 클럽과 파티를 즐기러 몰려든다-옮긴이)와 칸(Cannes, 세계적인 칸 국제 영화제가 열리는 프랑스 휴양 도시-옮긴이)의 벨벳 로프(velvet rope, 시상식 등에서 일반인과 유명인 사이에 쳐진 선-옮긴이) 뒤에 서 있는 모습, 혹은 버닝맨(Burning Man, 미국 서부 네바다주 블랙록 사막에서 열리는 연중행사-옮긴이) 행사장의 사막 모래밭에서 시대를 앞서가는 초월성에 축배의 잔을 든다.

블록체인 특급열차는 '오픈소스 개발자 이니셔티브'와 'IR(Investor relations, 투자자들을 대상으로 기업 설명 및 홍보 활동을 하여 투자 유치를 원활하게 하는 활동-옮긴이) 활동'이라는 두 개의 철로 위를 달린다. 오픈소스 개발자 이니셔티브는 특정 회사가 여러 컨트리뷰터(contributor, 어떤 오픈소스 소프트웨어 프로젝트에 코드를 제공할 수는 있지만, 그걸 결정할 권한은 없다-옮긴이)를 영입하여 특정 소프트웨어 코드를 개선하도록 조정한다. 컨트리뷰터들은 코드에 접근하려고 프로젝트에 참여하기 때문에, 소프트웨어를 개선해 주는 대가로 무료로 소프트웨어를 얻게 되는 구조다. 한편 IR 활동은 기업의 실적과 향후 전략 정보를 공유하여 경영 안정성을 유지하고 주가에 관한 관심을 이어가는 활동이다. 이 두 가지 기조를 통해 블록체인 기업들이 각자의 사업을 소개하고, 각자 보유한 토큰을 판매하여 자본을 유치한다. 그런데 PR을 탑재한 화물 열차들이 삐걱 소음을 내며 돌아올 수 없는 철도에서 헤매는 듯하다. 그 많은 사람을 태우고 말이다.

오픈소스 커뮤니티

마케팅이 블록체인에 적용된 가장 대표적인 사례가 '오픈소스 개발자 이니셔티브'다. 블록체인에는 단일의 표준이 없다. 비트코인이 최초의 프로토콜이지만, 그 이후 여러 종류의 코인이 등장했다. 이때 '프로토콜'이란 블록체인 네트워크가 정보를 교류하고, 트랜잭션을 관리하며, 거버넌스(의사결정)를 처리하는 방식에 관한 일련의 법칙을 의미한다. 응용 프로그램 프로그래밍 인터페이스 applications programming interface, API를 구비하여 개발자들이 특정 블록체인을 더욱 쉽게 작업할 수 있게 하기도 한다.

오픈소스 이니셔티브는 자신들의 코드를 모든 사람이 볼 수 있도록 게시하고, 개발자 커뮤니티에서 그 코드를 개선 혹은 확장하도록 장려한다. 리눅스Linux는 무료 운영체제로, 광범위하게 확산된 오픈소스 프로젝트의 대표적인 사례다(영국 기업 캐노니컬 Canonical이 개발한 우분투Ubuntu는 리눅스를 기반으로 개발된 가장 인기 있는 운영체제 중 하나다). 전 세계에서 가장 인기 있는 핸드폰용 안드

로이드 운영체제도 시작은 오픈소스 기반이었다. 그 후 여러 개선과 가공 작업은 오픈소스는 아니었지만 말이다. 여러 블록체인 용례의 오픈소스적인 특징으로 인해 이용자들은 블록체인을 더 굳게 신뢰하게 된다. 블록이 어떻게 생성되는지, 보안이 어떻게 관리되는지, 토큰이 어떻게 거래되는지 확인할 수 있기 때문이다.

오픈소스 이니셔티브는 수십만 개발자들이 특정 코드를 기반으로 작업할 수 있도록 유도하는 효과적인 방법이다. 생태계 혁신의 위력을 보여주는 대목이다. 회사의 자체 인력으로 시스템을 구축하는 데 막대한 자원을 투자할 필요 없이, 다른 이들의 노동력을 활용하면 된다.

단, 역동적인 오픈소스 커뮤니티를 구축하려면, 커뮤니티 구성원들과의 관계 강화를 위해 시간, 에너지, 돈을 어느 정도 투자해야 한다. 개발자들에게 현재 진행되는 프로젝트를 알려주고, 산업박람회에 참여해야 한다. 또한 커뮤니티 내에서 프로토콜의 위력을 보여주는 훌륭한 프로젝트에 자금을 대기 위해 개발자 지원금을 지급하기도 한다. 이러한 이유에서 다보스의 컨센시스 이더리얼Consensys Ethereal 라운지에서 대대적인 행사가 열리기도 한다. 화려한 클럽 조명, 믹솔로지스트(mixologist, 새로운 칵테일을 만드는 칵테일 예술가)가 조제하는 맞춤식 칵테일, 실내 녹화 벽living wall 장식이 있다. 그 앞에서 블록체인 전문가들이 패널 토론을 벌인다. 아담 린드만Adam Lindemann은 예술시장의 토큰화(tokenisation, 금융 보안 분야에서 개인 정보를 보호하기 위해 보호되어야 할 신용카드나 개인 정보를 토큰화하여 결제 시 원본 데이터 대신 토큰 데이터를 사용한다-옮긴이)에 대한 의견을 펼친다. 뉴욕시에서 유명 래퍼 스눕독이 리플이 주최하는 블록체인 파티에서 공연하고, 인도네시아 뮤지션 이르판 아울리아Irfan Aulia가 디지털 음악 로열티의 효과적 관리를 위한 정부의 블록체인 프로젝트 홍보 노력에 동참하고 있다. 블록체인은 말 그대로 진정한 로큰롤이다.

기술 분야에서 이처럼 으리으리한 PR 행사는 이번이 처음은 아니다. 전직 마이크로소프트 게임 부문 임원으로 엑스박스Xbox를 출시하는 데 크게 기여한 알렉스 세인트 존Alex St. John은 2백만 달러 규모의 우주선을 제작 주문했다. 딘 다카하시Dean Takahashi의 말에 따르면, 역대 최고급 게임 홍보 행사[4]의 일환이었다. 내 말의 취지를 확실히 파악하려면, 이드 소프트웨어id Software의 '둠(DOOM, 1993년 12월 10일 이드 소프트웨어에서 발매한 1인칭 슈팅 게임-옮긴이)' 출시 행사를 검색해 볼 것을 권한다. 단, 회사 컴퓨터로는 검색하지 않길 바란다.

그동안 기술 분야에서 센세이션을 일으킨 판촉 행사들이 더러 있었다. 블록체인 구축사들의 오픈소스화를 위한 노력도 예외가 아니다. 그러나 각종 규제를 준수해야 하는 금융 서비스로 이러한 활동을 옮겨가면 여러 문제에 휘말릴 수 있다.

토큰을 증권으로 볼 수 있을까?

블록체인 토큰 발행사들의 상당수는 증권을 발행하는 것으로 오해를 사지 않도록 세심한 노력을 기울인다. 디피니티DFINITY는 "우리는 재단입니다."라고 주장한다.[5] 창시자 도미닉 윌리엄스가 보유한 막대한 양의 코인은 개의치 않는 듯하다. 미국 상품선물거래위원회Commodity Futures Trading Commission, CFTC의 게리 겐슬러Gary Gensler 전직 위원장은 '규제에 대한 섣부른 발표hasty regulatory pronouncements'에 경종을 울리며, 비트코인은 금처럼 가치가 임의적인 것이라고 주장하면서 정규화를 위한 노력을 아끼지 않고 있다.[6] 토큰 발행사들은 '투자자와의 관계', 즉 IR에 방점을 찍기보다는 '커뮤니티 관계'와 '커뮤니티 이니셔티브'를 담론화한다. 그러나 결국 그들도 특정 암호화폐나 토큰에 투자한 사람들과 공개석상에서 토론을 펼치고 있다. 그들이 만나는 투자자들은 주로 토큰의 가치가 오를 것을 예상하는 사람들이다. 특히 토큰의 가치가 하락했을 때 항의의 목소리가 거센 이들이기도 하다.

그들은 '호들(HODL, 코인을 계속 가지고 있다는 '홀드HOLD'의 오타—옮긴이)'이라고 외친다. 사서 장기적으로 보유하고 있어야 한다는 메시지를 담고 있는 표현으로 하나의 '밈(meme, 인터넷에서 유행하는 짤, 사진 등 옮긴이)'이 되었다. 통계적으로 상위 10위권의 토큰들마저도 변동성이 심하므로, 이들 전부를 장기 보유하기는 어려울 것이다. 게다가 투기 행위도 만연해 있다. 내가 가르치던 학생 한 명은 비트코인에 투기해서 번 돈으로 대학원 학비와 집 보증금을 지급했다고 한다.

현재 정책 입안자들은 규제기관 공무원 출신으로 민간기업 종사자들에 비해[7] 토큰 발행을 증권으로 간주하는 입장을 취한다. 미국도 같은 노선을 택했고, 다른 국가들도 유사한 행보를 보였다. 한편, 영국과 같은 국가들은 '증권 토큰securities token'을 '유틸리티 토큰utility token'과 '거래소 토큰exchange token'과 구분 짓고, 각 대상에 대해 다른 감시 및 보고 의무기준을 적용한다.

'커뮤니티 관계' 강화 활동은 업무적으로 IR과 비슷한 부분이 많다. 토큰 발행기업은 회사 운영과 창업자의 개인 지출 용도로 지속해서 투자금을 유지하기 위해, 토큰 수요를 조절하고자 한다. 디지털 토큰을 매수하고 매도하며, 어떠한 경우에는 관련 파생상품을 매수하는 여러 기관과 개인 투자자들과 교류하기도 한다. 커뮤니티 참여를 유도하기 위해 회사 광고를 방영하기도 하고, 토큰을 이용하여 소프트웨어 출시 혹은 정부의 이니셔티브를 적극적으로 홍보하기도 한다. 기뻐하리! 홀드HODL하라!

업계 대부분에서 이러한 활동은 IR로 간주하므로, 홍보 및 판촉 문구도 증권기관의 규제와 감독 대상이 된다. 규제 기관들은 수십억 달러를 보유한 부호들이 암호화폐에 돈을 투자하는 것을 크게 우려하지 않는다. 조작된 후 사라져 버리는 취약한 증권을 매입하기 위해 평범한 서민들이 신용카드로 무리하게 매입하여, 안 그래도 극심한 재정난에 부채마저 떠안아야 하는 상황이 훨씬 더 우려스럽다.

암호화폐는 다양한 방식으로 판촉 활동을 할 수 있다. 행사, 세미나, 웨비나, 단체 이메일 전송, 언론 보도, 텔레그램과 왓츠앱을 비롯한 여러 플랫폼의 단체 채팅방 관리, 뉴스 인터뷰, 파티, 온라인 바이럴 광고 등을 활용할 수 있다. PR의 아버지인 PT 바넘PT Barnum이 뿌듯해할 만한 홍보를 총망라할 수 있을 것이다. 디지털 자산의 매도권은 기본적 자유권이라고 주장하며 IR 공세에 적극적인 토큰 발행사가 많다.

암호화폐에 열광하는 이유

블록체인 기술에 대한 정서적 애착은 과할 정도로 애플의 전자기기에 열광하는 마니아들의 열정을 무색하게 한다. 블록체인 프로토콜에 대한 지나친 관심은 조급증과 화를 부추기기도 했다. 전쟁지역의 총탄 속도에 버금갈 정도로 블록체인 프로토콜에 분노를 표출하는 마니아들도 있다.

인터넷상에서도 갑론을박이 불꽃 튀게 전개되고 있다. 토큰의 정의에 대해서도 최근 여러 의견이 엇갈리고 있다. 가치를 저장하고 이전하는 유닛에 불과하다('토큰'이라는 용어에 대해 규제 당국이 내리는 정의보다 협소한 정의다)는 현학주의자들도 있지만, '디그더그Dig-Dug, 팩맨Pacman을 비롯한 여러 게임을 하기 위해 오락실에서 사용하는 게임 코인'으로 가볍게 치부해 버리는 사람들도 있다.

반문화(countercultural, 사회의 지배적인 문화에 반대하고 적극적으로 도전하는 문화로서, 대항문화라고도 한다—옮긴이) 커뮤니티에 만연해 있는 음모론 중에는 큰 정부와 큰 기관에 회의를 품은 다수의 사람이 암호화폐를 정부의 화폐 통제 정책에서 벗어날 수 있는 수단으로 간주한다는 설이 있다. 어느 '암호 위협 분석가'는 MIT가 몇 년 전 비밀리에 비트코인을 저해하고 있다고 주장해서 관련 혐의를 받았다. 그 전문가에 따르면, 비공개협약(존재하지 않는 비공개협약에 대해 어떻게 부정을 입증할 수 있겠는가?)으로 인해 비트코인을 없애려는 이와 같은 음모 관련 기록을 언급할 수 없다.

비트코인 재단Bitcoin Foundation이 내부 분열로 운영이 중단되었을 때, MIT 미디어 연구실MIT Media Lab이 개입하여 핵심 개발자들을 위해 자금을 지원하여 커뮤니티가 '디지털 통화 연구팀Digital Currency Initiative'을 통해 역동적으로 맥을 이어가길 바랐기 때문에 MIT에 관한 앞의 혐의는 부당한 것이었다. MIT는 최근에 와서는 비트코인이 정부의 엄격한 규제망에서 피해갈 수 있도록 업계에서 옹호 활동을 벌이기도 했다. 그렇다고 MIT가 특정 법안과 규제 완화에 힘을 싣는 로비활동을 한 것은 아니다. 정식으로 등록된 기관만 로비활동을 할 수 있기도 하다. MIT는 다만 정치인과 정책 입안자들을 위해 비트코인에 관한 배경정보를 제공하고자 했다.

물 흐르듯 흘러가는 이야기를 어째서 팩트fact로 가로막는가? 지구가 평평하다고 주장하는 집단과 아폴로 우주선 달착륙이 거짓이라고 주장하는 집단처럼, 암호화폐 커뮤니티에 관한 몇몇 요소는 '증거 제시'에 봉착하면 맹렬히 편집증적인 면모를 보이기도 한다.

사토시 나카모토는 누구일까?

사토시 나카모토로 알려진 비트코인 발명자의 미스터리만큼 업계에서 화제가 된 것이 있을까? 그의 신원에 대한 각종 추측이 난무한다. 공동 참여한 개발자 그룹이라는 주장에서부터 '비트코인 코어'에 속한 여느 개발자를 다 지칭하고, 이들 각자가 비트코인의 창시자라는 주장까지 여러 설이 떠돌고 있다.

몇 달에 한 번씩은 그의 신원에 대한 새로운 주장이 등장한다. 호주 기업가 크레이그 라이트Craig Wright는 본인이라고 주장하기도 했고,[8] 비트코인 코어의 개발자 개빈 앤더슨Gavin Anderson -나카모토와 마지막으로 소통한 사람이라는 풍문이 있다- 도 크레이그 라이트가 비트코인 발명가라는 주장에 힘을 실어주고 있다. 그때 이후 앤더슨은 자신이 구설에 오르게 된 것을 후회한다며, 이전 발언을 무효로 했다.[9]

최근에는 파키스탄의 한 청년이 나카모토임을 주장했다. 그는 자신의 아버지가 임원으로 재직해 있는 국제신용상업은행Bank of Credit and Commerce International의 도산에 대응하여 비트코인을 만들었다고 설명했다. 개인 키private key로 980,000개의 비트코인 -총 가치가 150억 파운드를 상회하기도 했다- 을 보관한 노트북이 이례적으로 하드가 날아가는 바람에 '먹통'이 된 것이다. 이메일도 해킹을 당한 것으로 추정되어, 세상에 나와 자신의 신분을 밝히는 일조차 어려워졌다.

그런데 이마저도 거의 상관이 없게 되었다. 오늘날 비트코인을 통제하는 주체는 두 집단으로 나뉜다. 우선 '코드 베이스(code base, 소프트웨어 개발에서 특정 소프트웨어 시스템, 응용 소프트웨어, 소프트웨어 구성 요소를 구축하기 위해 사용되는 소스 코드의 집합체-옮긴이)'를 관리하는 수백 명에 달하는 개발자 집단이 있고, 채굴을 함께하는 5~6개에 달하는 채굴 연합 혹은 '채굴 풀mining pool'이 있다. 양측은 비트코인의 제안적인 공급량과 속도 제한을 극복하여 비트코인을 업그레이드하는 방식에 합의점을 찾지 못했고, 그 결과 비트코인BTC과 비트코인 캐시BCH로 코드가 '포크' 되어 갈라지게 되었다.

블록의 연산 과정도 지나치게 복잡화되어 더는 대학생이 기숙사에서 낮은 사양의 노트북으로 채굴 시장에서 제대로 경쟁할 수 없는 상황이다. 고도화된 연상 처리 역량을 지닌 전문 조직들이 필요한 시점이다.

비트코인 코드가 처음 등장했을 때는 기술적 문제가 꽤 있었다. 그러나 그 이후 보다 정교해진 프로토콜이 도입되었다. 대표적으로 대용량 데이터 저장 접근법인 데이터 분산 및 저장 프로토콜 'P2P 파일 시스템Interplanetary File System, IPFS'과 이더리움의 탈중앙형 혹은 분산형 앱(DApp, '디앱'이라고도 읽는다. 일반 앱과는 달리 디앱은 블록체인 기술을 활용해 특정한 관리자가 없고 운용 비용과 인건비 등이 발생하지 않아 혁신적 시스템으로 평가받는다—옮긴이)을 꼽을 수 있다.

비트코인이 세상의 빛을 본 이후 등장하게 된 복잡다단한 블록체인 세계관에서 나카모토의 신원은 역사적 궁금증, 그 이상의 의미를 지닌다.

블록체인 혁명은 양날의 검

컨설팅 기업 가트너Gartner는 모든 새로운 기술이 예측 가능한 '하이프 사이클(hype cycle, 기술의 성숙도를 표현하기 위해 가트너가 개발한 시각적 도구로, 기술 동향을 분석할 때 주로 활용된다—옮긴이)'을 거친다고 주장해 왔다. 주기의 단계는 '높아지는 기대심리' 단계를 시작으로, '부풀려진 약속', '실망스러운 진실의 발견을 통한 절망감'을 거쳐 '생산성 안정기'로 귀결된다. 마지막 단계인 '생산성 안정기'에서는 기술이 안정적으로 다양하게 적용되어 활용된다. 블록체인 기술은 '절대적인 절정기'를 이미 지나갔을 수 있다. 그러나 선의의 투자자들로부터 자금투자를 꾸준히 받는 블록체인 사업들의 특징을 고려할 때, 사업적 매력도에는 여전히 다소 거품이 껴 있다.

블록체인은 무성한 구설수와 소문, 그 이상이기도 하지만 그것에 못 미치기도 한다. 분별력 있는 임원이라면, 의미 있는 사업 기회와 다단계 금융사기 방식을 토대로 한 베이퍼웨어(vaporware, 시장에서 오랫동안 소문과 출시 소식은 무성한데 실체가 나오지 않는 상품—옮긴이)를 구분할 수 있어야 한다. 이처럼 블록체인 혁명이 일으킬 변화는 양날의 검이라는 점을 기억하고, 실수하지 않길 바란다.

소중한 금덩이에 낀 불순물을 세서하는 데 도움을 주기 위해, 나의 동료 멜템 더머러스와 나는 사람들이 블록체인 프로토콜과 관련 기술을 쉽고 빠르게 이해하도록 '옥스퍼드 블록체인 프레임워크'를 개발했다. 자세한 내용은 다음 장에서 다루겠다.

CHAPTER
3

블록체인을 이해하면
암호화폐의 미래가 보인다

- 새로운 전략 프레임워크를 적용하면 블록체인을 더욱 쉽게 이해할 수 있다.

- 옥스퍼드 블록체인 전략 프레임워크(Oxford Blockchain Strategy Framework, OBSF)는 블록체인이 필요한지 아닌지를 이해하고 비즈니스 시스템의 어느 부분에 관련 기술이 적용되는지 이해하는 데 도움이 될 것이다.

- 블록체인에 적합한 규제 환경을 평가하거나 설계하는 데 '좋은(효과적인) 규제의 원칙[Principles of Good(Effective) Regulation]'이 적용될 수 있다.

나는 동료들과 함께 사람들이 현재 시스템에 블록체인이 미치는 영향과 새로운 블록체인 기술을 평가하는 방법을 쉽게 이해하도록 블록체인 관련 전략 및 규제 이해를 돕는 일련의 프레임워크를 개발했다.

옥스퍼드 블록체인 전략 프로그램의 협업자이자 공동 창시자인 멜템 더머러스가 '옥스퍼드 블록체인 전략 프레임워크'를 처음으로 개발했다. 블록체인은 상호 연결된 참여자들로 구성된 복잡한 네트워크 내에서 작동된다. 블록체인 기업들(자체 프로토콜을 직접 제작하지 않는 경우도 많을 것이다)은 이 생태계의 어느 곳엔가 자리잡고 있다.

블록체인이 반드시 필요한 이유

비즈니스에서 블록체인이 어떻게 사용되는지 평가하는 과정에서 가장 처음으로 짚고 넘어가야 할 부분이 있다. 해당 비즈니스에 블록체인이 과연 필요한지, 혹은 어떠한 형태로든 분산원장이 필요한지 질문해 보는 것이다.

블록체인 외에도 다양한 종류의 데이터베이스가 있으므로, 이들을 활용했을 때 문제가 없어서 굳이 분산원장이 필요 없는 경우가 많다. 하둡Hadoop과 같은 대용량 데이터를 처리할 수 있는 데이터베이스이건, 오라클과 같은 '관계형 데이터베이스(relational database, 키와 값들의 간단한 관계를 도식화한 매우 간단한 원칙의 전산 정보 데이터베이스-옮긴이)'이건, 단순히 '플랫 파일 데이터베이스(flat file database, 순수 텍스트 파일 형태로 데이터를 저장한 데이터베이스)'이건 상관없이 말이다. 블록체인 시스템은 '고빈도 트레이딩(high frequency trading, HFT, 강력한 컴퓨터와 특수 장비를 사용하는 알고리즘 거래 중심의 거래 시스템 내지는 접근 방식-옮긴이)'과 같은 적용 분야에는 적합하지 않은 편이다. 몇몇 금융 서비스 기업들이 '거액'을 거래하는 활동을 지원하기엔 부족한 부분이 많기 때문이다. HFT를 위해서는 엄격히 통제된 환경에서 구동하고 첨단 하드웨어와 소프트웨어를 이용하는 전문화된 시스템이 필요하다. HFT 기업들은 자체 서버를 트레이딩 시스템에 연결하는 광케이블의 길이에 대해 열띤 논의를 벌인다. 특정 거리에 대한 광속이 기업들 간에 상대적 성능을 좌우하는 중요한 요소이기 때문이다. 매 피코 세컨드(picosecond, 1조 분의 1초-옮긴이)가 중요한 환경에서는 블록을 계산하고 분산노드 네트워크가 합의에 이르게 하는 데 시간이 소요되는 것이 실용적이지 않다. 따라서 HFT의 중요한 가치와 첨단 기술들에 대한 활용도가 높은 HFT에서도 블록체인은 현실적으로 적용될 수 없다.

흥미진진한 신기술을 다룰 때 마주하는 위험 요소가 있다. 망치를 든 사람의 눈에는 모든 게 못으로 보이는 심리랄까? 속 빈 강정 같은 '골드버그 장치(Rube Goldberg Machines, 생김새나 작동원리는 아주 복잡하고 거창한데 하는 일은 아주 단순하고 재미만을 추구하는 매우 비효율적인 기계-옮긴이)'의 구조는 지나치게 낙관적인 기업가들에 의해 주로 제작된다. 그들은 쉽게 유치할 수 있는 투자 펀드를 미숙한 사업 결정에 이용한다. 이처럼 블록체인도 엉뚱한 부문에 불필요하게 이용되기도 한다.

그렇다면 과연 언제 블록체인이 필요한 것인가? 멜템은 특정 비즈니스 문제에 대한 블록체인의 적합성 여부를 평가 혹은 '걸러내기' 위해 반드시 검토해야 할 체크 리스트를 만들었다. OBSF에서 사용하는 주요 차별적 요소는 다음과 같다.

1 자동화(Automation)

2 프로세스의 반복 가능성(Repeatable process)

3 복수의 이해관계자(Multiple stakeholders)

4 조정(Reconciliation)

5 가치의 이동(Value transfer)

6 불변성(Immutability)

1) 자동화

자동화할 수 있는 프로세스에 어떠한 형태로든 예측할 수 있거나 반복 가능한 요소가 있는가? 프로세스 도중에 일반적으로 사람의 개입이 필요한 작업이라면, 해당 프로세스를 블록체인에 넣기가 어려울 것이다. 이론적으로는 가능할 수 있으나, 지연 시간 latency이 너무 길어져 실용적이지 않다. 매번 중요한 결정을 내리기 전에 사람이 직접 수동적으로 조정해야 하는 부분도 자동 시스템에 견줄 수 있을 것이다. 이 시스템의 작동 속도는 손이 빠른 사람의 작업 속도 정도로 떨어질 것이다. 일반 기계의 빠른 연산 속도를 제공할 리 만무하다.

2) 프로세스의 반복 가능성

항상 혹은 높은 빈도로 진행되는 프로세스인가? 아니면 중단 없이 지속되는 활동인가? 한 번만 진행되는 프로세스인가? 일회성 프로세스에는 블록체인을 구현하는 데 드는 비용과 운영적 복잡성을 정당화할 수 없을 것이다. 예를 들어 현직 국가수반이 후임자에게 권력을 이양하기 위한 목적으로 블록체인을 만들 수 있지만, 대부분 국가에서는 정권 교체가 4~8년마다 진행된다는 점을 고려하면, 막대한 투자를 들여 블록체인을 구현해도 대부분의 기간 유휴상태로 남아있을 것이다.

3) 복수의 이해관계자

프로세스나 가치 사슬에 복수의 주체가 참여하고 있는가? 1장에서 다루었듯, 블록체인은 사람들이 무신뢰 환경에서 합의에 도달히도록 도와주도록 실세뇌었다. 양자 협상이나 활동에 참여하는 경우라면, 협상에서 상대를 신뢰하지 않더라도, 원하는 결과에 도달하는 방식이 훨씬 덜 복잡할 것이다. 예를 들어, 여러 매도인과 매수인이 서로 거래를 할 수 있을 것이다. 그 안에서 경쟁은 치열하고, 매도 계약이 파기될 수 있다는 우려감이 깔려 있다. 금융 시장에서는 이를 방지하기 위해 매수인과 매도인을 연결해 주는 거래소와 '시장조성자(market maker, 거래소와 계약을 맺고 사전에 정한 종목에 대해 지속해서 매수·매도 양방향 호가를 제시해 유동성을 높이는 증권사 옮긴이)'와 같은 중개인이 그 역할을 한다. 중개인의 역할은 블록체인으로 대체될 수 있다. 이에, 상위 트레이딩 회사와 주요 증권거래소가 주요한 블록체인 연구에 적극 투자를 진행하고 있다.

4) 조정

이질적인 데이터를 갖고 있다면, 조정에 참여한 주체가 하나일까, 아니면 여럿일까? 예를 들어, 당신이 재고 관리를 하거나, 세금을 거두거나, 음악 저작권료 검열을 하는 담당자라고 해 보자. 대상 회사의 내부 감사팀과 세금 관리팀이 외부 감사나 세금 컨설턴트와 소통하도록 해야 한다. 대형의 복잡한 조직일 경우, 각 그룹에 두 명 이상의 인원이 투입될 수 있다. 총 투입 인원이 수십 명, 많게는 수백 명에 달할 것이다. 이러한 상황에서 블록체인을 사용하는 것이 불필요할 수도 있을 것이다. 다른 접근 방식을 통해 성능은 더 뛰어나지만, 더 낮은 비용으로 업무를 수행할 수도 있다. 반면, 감사 결과에 대한 신뢰도를 높여야 하는 경우라면 어떠한 대안이 있을까? 그럴 때는 블록체인을 고려할 수 있다. 일례로 법인세가 제대로 납부되었는지를 검증하기 위해 세금과 금융감사에 블록체인을 적용하는 방안을 고려하는 국가 정부들도 많다. 이론적으로 정보의 품질을 개선할 뿐 아니라 세금 징수 비용과 기업의 납세 이행 비용을 대폭 감축할 수 있다.

5) 가치의 이동

그렇다면 프로세스나 활동에서 가치가 어떠한 형태로든 이전되는가? 단, 금전적 가치 외에도 다양한 종류의 가치가 있다는 점을 염두에 두어야 할 것이다. 환자의 의료기록이나 디지털 신원과 같은 정보가 그 자체로도 가치를 저해할 수 있다.

6) 불변성

블록체인 이용 시에 어떠한 형태의 혜택이나 의무사항 -기록에 대한 위조가 불가능하다는 점, 즉 기록의 불변성을 보장하는 등- 이 있을 수 있는가? 앞서 알아봤듯이 불변성은 블록체인의 주요 특징이다. 예를 들어, 당신이 중고차를 산다고 가정해 보자. 구매를 결정하기 전 차에 관해 기술적인 문제가 없는지 확인하려면, 정확하고 세부적인 수리 내역을 확인하고자 할 것이다. 이제는 당신이 값비싼 예술작품을 매입한다고 가정해 보자. 혹시라도 작품을 매입하는 행위가 돈세탁을 조장하진 않을지, 혹은 도난당한 작품이나 위조품을 매입하는 것은 아닌지 명확하게 파악하기 위해 작품의 이전 소유자들에 대한 세부 기록이 궁금할 수 있을 것이다.

이와 같은 여섯 가지 기준은 '상호배제성과 전체포괄성mutually exclusive and comprehensively exhaustive, MECE'을 특징으로 한다. 이 개념을 토대로 특정 상황에 블록체인이 도움이 될 것인지를 철저히 평가하여, 신속한 진단을 수행할 수 있다.

블록체인을 어떻게 사용해야 하는가?

블록체인이 필요하다는 결론에 도달했다면, 어디에 어떻게 적용할 것인지에 대해 OBSF를 토대로 질문해 볼 수 있다. 블록체인 생태계에는 다음과 같은 세 가지 기본적인 요소 혹은 계층layer이 있다.

- 프로토콜 계층(protocol layer)

- 네트워크 계층(network layer)

- 애플리케이션 계층(application layer)

– 프로토콜 계층

앞서 논의했듯, 프로토콜은 블록체인 네트워크의 각 요소가 상호 소통하는 데 사용되는 기본언어를 뜻한다. 당신이 블록체인 전략을 고안한다면, 개방형 블록체인을 이용할 것인지(비트코인이나 가장 일반적인 구조를 지닌 이더리움 등), 아니면 폐쇄형 블록체인이 특별히 필요한 이유가 있는지를 결정해 볼 수 있다. 프로토콜을 평가할 때는 속도, 프로그램 가능성, 지급 기능 등과 같은 설계상의 고려사항을 검토해야 한다.

속도Speed는 비즈니스 프로세스에서 수행상 필요한 기능이다. 블록이 10분에 한 번씩 연산 처리를 해도 무방한가? 비자와 마스터카드 같은 주요 신용카드 네트워크와 유사한 속도로 구동되어 초당 4만 개의 블록 연산이 필요한가?

프로그램 가능성Programmability은 과연 어떠한 방식으로 블록체인을 지속해서 적용할지에 대한 것이다. 동일한 작업을 거듭 반복할 경우 시스템을 고정화hardwire할 수 있다. 한편, 유연성과 적응성을 확대할 필요가 있다면, 간단한 명령으로 블록체인을 변경하고자 할 것이다.

지불 기능Payments은 당신이 이용하려는 블록체인에 필요할 수도, 그렇지 않을 수도 있는 기능이다. 환자 의료기록 데이터 이전을 관리하기 위해 폐쇄형 블록체인을 생성하거나, 디지털 신원 파일을 취급하기 위해 정부용 블록체인을 생성한다면, 지불 기능이 필요하지 않을 '수도' 있다(수도라고 한 이유는 혹시라도 예외적으로 이와 같은 상황에서 필요할 수 있기 때문이다). 한편, 국제송금을 가능하게

하는 블록체인을 구동한다면, 말 그대로 당연히 지불 기능이 필요
할 것이다. 그러나 전반적인 프로토콜 설계상의 고려할 점을 염두
에 둔다면, 리플이 지급경로payment rail 혹은 비트코인을 제공해 줄
수 있을 것이다. 따라서 당신이 프로토콜 계층을 평가할 때 이러한
결정 사항을 반드시 고려할 필요가 있다.

– 네트워크 계층

블록체인의 기본 인프라는 네트워크 계층에 있다. 블록체인이
저장된 노드 주변에 이와 같은 인프라가 구축된다. 그렇다면, 노드
구동에 제약이나 의무사항은 없는가? 누구나 당신의 블록체인에
기재해도 되는가, 아니면 당신이 신뢰하는 몇몇 당사자들에게만
제한적으로 허용되는가? 이 블록체인은 기업의 사내 IT 시스템과
같은 기타 기술과 어떻게 결합할 것인가?

네트워크 계층에서는 이 외에 저장에 관한 문제도 다루어야 한
다. 오래된 복사본을 어떻게 저장archive할 것인가? 당신이 위치
한 국가나 지역에서 EU 일반 개인정보보호법General Data Protection
Regulation, GDPR과 같은 개인 정보 보호 규정을 준수해야 하는가? 그
럴 경우, 불변의 기록을 갖고 개인 정보 보호의 문제를 어떻게 처
리할 것인가? GDPR에 대한 접근법 중 하나는 민감한 개인 정보를
오프체인(off-chain, 블록체인 밖에서 거래 내역을 기록하는 방식, 온체인
on-chain에서 해결하지 못하는 확장성 문제를 해결하기 위해서 이용된다-옮

긴이)에 저장하고, 블록체인의 포인터(pointer, 나머지 데이터를 찾으려면 어디를 봐야 하는지 그 지점을 가리키며 알려주는 코드)를 블록체인이나 '온체인'에 보관해 두면 된다. 누군가가 선택적으로 자신이 잊히도록 선택한다면, 당신은 오프체인 데이터를 복구 불가능하게 삭제할 수 있다. 이럴 경우, 포인터는 이제 의미 없는 문자열을 가리키게 된다.

– 애플리케이션 계층

애플리케이션 계층에서는 최종 사용자end user가 직접적으로 우리의 소프트웨어를 접하게 된다. 그렇다면 누가 직접적으로 당신의 블록체인과 현재 상호작용을 하는 것일까? 새로운 블록체인이 어떻게 당신의 일상 작업 흐름workflow의 일부가 되고 있는지 살펴보아야 한다. 현재 조직은 어떻게 구조화되었는가? 사용자들이 당신의 블록체인에 작업하고자 할 경우, 그들의 행동을 어떻게 변경해야 할 것인가? 이때 이 계층에서는 기술 도입과 변화 관리의 영역으로 들어가게 된다. 만약 당신이 조직 혹은 개인별 사용자 행동 변화에 영향을 가해야 하는 상황이라면, 기존의 행동 방식에서 새로운 방식으로 어떻게 이동시킬 계획인가?

블록체인 규제의 방향성

블록체인을 논할 때 피해갈 수 없는 수제가 바로 규제다. 암호화폐, 디지털 화폐, 디지털 자산, 증권 토큰, 유틸리티 토큰, 코인 발행, 디지털 자산 교환 등에 관련된 일을 하고 있는가? 그렇다면 당신이 비즈니스를 하고자 하는 특정 지역의 '법규'를 파악하고 이해할 수 있어야 한다. 그렇지 않으면 정부의 개입이라는 심각한 위험에 봉착하게 된다. 규제 당국은 블록체인의 미세한 잡음에도 민감하게 대응하는 추세다.

블록체인에 대한 규제가 적절히 적용된다면 블록체인의 생태계가 적극적으로 형성될 기회가 충분히 있고, 확장성 차원에서도 꽤 희망적이다. 전 세계 많은 국가에서 규제 당국이 자국의 규제적 한계점을 검토하면서 자국의 전략적 목표를 발전시키기 위해 시범사업과 정책적 개입에 적극적으로 나서고 있다. 현시점에서 각 사안에 대한 구체적인 처리 방법과 절차를 세밀하게 규정하는 '규칙 기반의 규제 제도rule-based regulatory system' 접근과 '원칙주의적 규제 제도principles-based regulatory system'의 장점에 대해 언급하는 것이 바람직하겠다.

- 원칙주의적 규제 제도
원칙주의적 규제하에서는 규칙이 광범위하게 명시되어 해석의 범위가 유연한 편이다. 규제의 목적 자체도 명백하다. 회사나 규제 당국이 적용하는 규제 방식은 당사자들 간의 대화에 따르고, 철두철미한 '과학'보다는 자유 재량의 여지가 있는 '예술'에 가깝다. 원칙주의적 규제는 다양한 상황과 치열한 담론에 적합한 유연한 프레임워크를 가능하게 한다.

블록체인의 경우처럼, 혁신의 물결이 일렁이는 조짐이 보이면, 혁신 기업들은 회사를 최적으로 키울 수 있는 규제 환경을 찾아 나서는 '소재지 쇼핑domicile shopping'을 한다. 블록체인의 경우에는 모리셔스, 버뮤다, 바베이도스, 몰타와 같은 작고 민첩한 국가들은 기존 규제를 신기술에 적용하고, 혁신 친화적인 새로운 규제를 촉진하는 과정에서 규제적 유연성을 실천했고, 예상을 초월할 만한 큰 결실을 거두었다. 또한 원칙주의적 규제에서는 생각이 트인 규제 당국과 대상 국가에 진출하려는 기업의 법규제 전문인력의 건설적인 탐색 노력이 필요하다.

- 규칙 기반의 규제 제도

규칙 기반의 규제 제도는 법규제를 준수하기 위해 실천해야 하는 활동을 자세히 명시한다. 개별 규칙도 명백하지만, 광범위하게 적용되고 규제적 목표에 연동될 수 있는 일반적인 프레임워크를 개발하는 것 자체가 까다롭다. 규제 당국은 금융적 포용 혹은 금융 안정성을 개선하기 위한 여러 세부 규칙을 어떻게 결합할 수 있는지도 중요한 사안이다. 규칙 기반의 규제 제도는 원칙주의적 규제보다 이해하기 쉽다. 시장 참여자가 법 준수에 대한 체크리스트를 신청하면 된다. 그러나 혁신의 관점에서는 전반적으로 진행 속도를 더디게 하고 기존 제도에 대한 관성적 태도가 나타난다. 여전히 블록체인은 진화적 단계에 있고, 블록체인에서 파생된 결과물과 전반적인 비즈니스 시스템도 빠르게 변화하고 있다. 규칙 기반의 규제 제도는 블록체인을 활성화하는 데에는 적합하지 않다.[10]

- 규제 제도의 기본적 틀

다양한 소재지에서 효과적인 규제들의 기본 취지를 담고 있는 기본적 틀을 살펴보는 것도 우선적으로 필요할 것이다. 특정 규제 환경에 직면한 혁신가라면, 규제 당국의 주요 목표를 파악하여, 당국에서 바라는 규제적 결과에 부합하는 결과물을 어떻게 선보일지를 고민해야 할 것이다. 한편, 규제 당국의 입장에서는 규제적 개입을 통해 달성하고자 하는 주요 목표를 명확히 파악해야 한다. 규제 당국의 적극적이고 전략적인 접근법에는 결과에 대한 명확한 계획이 녹아 있다. 예를 들어 효과적으로 업무를 처리하는 규제 당국이라면, "2025년까지 국민의 80퍼센트가 디지털 신원을 보유하도록 하는 것이 목표이기 때문에, 블록체인을 구현 기술enabling technology로 활용하여 비용을 감축하고 기관 간에 데이터를 공유하는 방식을 개선하고자 한다."라고 말할 수 있어야 한다. 그래야만 민간 기업체가 시장의 니즈를 충족하기 위해 준수해야 하는 블록체인 기반의 디지털 신원에 관한 기준을 정부가 마련하는 등 구체적인 개입을 할 수 있다. 프레임워크 접근법의 주요 요소는 다음과 같다.

1 결과에 대한 우선적 고려(Focus on outcomes)

2 모든 이해관계자의 보호(Protect all stakeholders)

3 신뢰 강화(Foster trust)

4 경쟁 구도의 균형화(Balance competition)

5 혁신 촉구(Promote innovation)

1) 결과에 대한 우선적 고려

특정 규제가 어떠한 바람직한 결과를 가져올지 가늠이 되는가? 곧바로 측정할 수 있는 결과인가? 시장 참여자가 실천하는 행동을 규제에서 추구하는 목표와 어떻게 연결 지을 수 있는가?

2) 모든 이해관계자의 보호

시장의 주요 참여자 외에도 모든 당사자는 마땅히 보호받아야 한다. 기업에 대한 지원만큼 소비자 보호도 중요하다.

3) 신뢰 강화

시장의 안정화를 위해서는 규제를 통해 신뢰와 투명성을 장려해야 한다. 소비자의 신뢰가 커지면, 튼실하고 건전한 금융 제도로 거듭날 수 있을 것이다. 제도권에 대한 신뢰가 공고해지면, 일자리 창출, 자본투자, 외국인 직접 투자도 활성화될 수 있다.

4) 경쟁 구도의 균형화

규제의 목표 중 하나가 바로 공정성 확립이다. 따라서 규제가 특정 집단에 특혜를 주지 않아야 한다. 경쟁 구도를 균형화하는 것은 주의를 필요로 하는 섬세한 작업이다. 의도치 않은 결과를 초래할 위험 요소가 내재해 있기 때문이다. 그러나 균형이 깨진 시장이나 제도는 과점, 복점 혹은 독점을 초래할 수 있다. 신규 진입 기업을 지원할 구체적인 규제가 개입되지 않으면, 경기 불황기에 썩은 물이 고이는 것처럼 시장도 악화일로로 치닫게 된다. 특정 집단 혹은 특정 부류의 경쟁사들에 특혜를 제공하는 방식을 척결하여, 최대한 많은 경쟁 참여사들에 지원이 제공되도록 해야 한다.

5) 혁신 촉구

새로운 발상에 규제 감독을 가하기 전에 어느 정도 발전하고 성장할 수 있는 여지를 주어야 한다. 일부 소재지의 경우, 규제 당국은 실험 활동에 대해서는 주요 규제를 터무니없을 정도로 위반하지 않는 한 자유롭게 진행되도록 의도적으로 눈감아 주는 경향이 있다. 사회 저변에 혁신이 일어나길 바라는 입장이기 때문에, 혁신이 어느 정도 성숙단계에 이르면 개입정책을 펼치려고 한다. 반대의 경향을 보이는 소재지들도 있다. 규제 당국이 정해 놓은 '면책 조항'의 테두리 내에서 실험이 진행되도록 분명히 경계를 그어 놓은 후에, 그 안에서 혁신을 장려하는 구체적인 정부 사업을 한다. 면책 조항은 규제 당국이 직접 작성하는 것으로, 회사에 허용 가능한 활동 범위를 지정해 준다. 이렇게 정립한 규정 내에서 전개되는 활동에 대해서는 규제 당국이 법을 집행할 수 없다고 명시한다. 많은 기업이 뛰어든 혁신 분야에서 발동되는 경우가 많다.

혁신을 규제적으로 지원하는 시작점은 '규제 유예(regulatory sandbox, 다양한 신기술·서비스의 시장 출시 및 테스트를 할 수 있도록 일정 조건으로 기존 규제를 면제하거나 유예하는 제도-옮긴이)'가 될 수 있다. 기업이 실험하고 규제 당국의 피드백을 받은 후에 약식으로 사업자 면허를 받고, 최종적으로 정식 사업자 면허를 받는 제도다. 영국 금융 분야의 경우, 영국 금융감독청Financial Conduct Authority, FCA 규제 유예를 적용하고, 전자화폐 면허를 발급한 후, 최종적으로 금융업 면허를 발급한다. 기업가들이 점진적으로 발전하도록 배려한 체계적이고 신중하게 마련된 제도들이다.

나는 전 세계 정부 70여 곳에 정책 자문을 제공했다. 그 과정에서 국가별로 중요시하는 부분이 다르다는 점 -작은 국가들이 큰 국가들과 니즈가 다르고 지역별로 의무기준도 다르다는 점- 도 분명 있지만, 여러 규제 당국이 공통적으로 중요시한 과제와 규제를 다음과 같이 요약해 볼 수 있다.

- 규제 모형과 접근법의 진화
고노화된 규제적 접근법을 선보이는 소재지가 많아지는 상황에서, 혁신가들이 짊어진 규제 준수의 부담을 완화하기 위해 마련된 정책 개입적 노력이 여러 국가에서 나타나고 있다. 시사하는 바가 많은 대목이다. 개입은 대표적으로 다음과 같은 키워드를 토대로 전개되고 있다.

- 기준 및 일치화(Standards and coordination)
- 단계별 사업 면허 발급(Tiered licensing)
- 면책 조항(Safe harbor)

이제 각 개념에 대해 세부적으로 알아볼 것이다. 그런데 이러한 개념이 필요한 이유는 무엇일까? 국가별 법을 하나의 틀에서 엄격히 통일시키는 의미인 '일치화 혹은 조화harmonization'가 현실적으로 어렵기 때문이다. 예를 들어, 국제 자금의 유입 문제를 어떠한 방식으로 블록체인 토큰과 같은 새로운 화폐를 이용한 투자 증권으로 취급할 것인지에 관한 사안도 국가별로 다르게 간주하기 때문이다. 국가별로 전해 내려오는 법제도 다를 것이고, 사회정치적 상황도 다르므로 법제의 일치화는 거의 불가능하다. 양자 협상에서 다자국 협상과 일치화로 방향을 틀면 문제가 기하급수적으로 늘어나는 것도 같은 맥락이다. 따라서 많은 국가가 덜 엄격한 방식으로 공통분모를 찾되, 빠르고 효과적인 적용 방식을 도입하는 노선을 택했다.[11]

- 기준 및 일치화

OECD와 같은 국제기구들은 규제 당국과 정책 입안가들이 여러 국가에서 블록체인의 활용을 탐색하는 데 도움이 될 만한 기준을 마련하기 위해 노력해왔다. 이 기준은 광범위한 원칙으로, 여러 관할권에 맞도록 적용되어 각국이 자국의 법적 및 규제적 환경에 맞도록 기준을 해석할 수 있다. 따라서 자국의 규정을 기준과 똑같이 엄격하게 적용할 필요 없이 소재지별로 일정 수준의 일관성만 유지하면 된다.

- 단계별 사업 면허 발급

새로운 기술의 결합은 규제 당국과 혁신가들 모두에 걸림돌이 될 수 있다. 다소 느슨한 원칙주의적 원칙을 적용한다고 해도, 새로운 와해적 혁신(disruptive innovation, 업계를 완전히 재편성하고 시장 대부분을 점유할 만한 혁신-옮긴이) 기술을 취급하기에 기존 규제의 틀이 부적합하기 때문이다. 영국과 같은 국가들은 핀테크 기업들에 대해 전자화폐 사업 면허, '부분적' 금융 면허, 정식 면허와 같이 단계별로 사업 면허를 발급해 왔다. 단계별로 적용되는 검열과 법 준수 관련 의무사항이 다르고, 단계별로 금융 활동의 범위가 지정되어 있다. 일부 국가에서는 블록체인 증권에 대해 유사한 단계별 모델을 고려 혹은 이행하고 있다.

- 면책 조항

앞서 언급한 면책 조항은 정책 입안가가 활용할 수 있는 각종 장치 중에서 영향력이 강한 편이고, 다양한 환경에서 이용되고 있다. 면책 조항은 일련의 사업 활동이 특정 조항이나 규정에 어긋나지 않는다는 점을 명시한다. 여러 규제 당국들이 서로 효과적으로 의견을 교류하여 소재지 전체에 걸쳐 적용될 수 있는 기준을 마련한다면, 민간기업과 투자자들이 새로운 영역에 자본을 투입하기가 쉬워질 것이다. 기업과 투자자들은 체계적으로 마련된 면책 조항이라는 무기가 있으므로, 정부의 눈치를 보지 않고 제품이나 서비스를 개발하고 출시할 수 있다. 정부는 일반적으로 새로운 규정이 제정될 때와 같은 수준의 정치·조직적 감독과 규제를 하지 않기 때문이다. 면책 조항 덕분에 진행 속도도 올라간다. 한편, 규제 당국 차원에서는 면책 조항을 발동하여 신기술을 실험하고, 신규 기술 분야에서 실무 경험을 축적할 수 있다는 장점이 있다. 이 과정을 통해 규제 당국은 새로운 규정이 필요한지 아닌지를 결정하고, 필요하다고 판단할 경우, 어떠한 형태의 규정으로 할 것인지를 판단한다.

블록체인의 잠재력에 대해 국가별로 수용 수준도 다르다. 블록체인 발전 전략에 대해 명백한 규제 조항이나 경제적 지원을 개발한 경우와 구체적 규칙을 도입했거나 기존 규칙을 새롭게 해석한 때도 있지만, 인내심을 갖고 지켜보자는 접근을 취하는 때도 있다.

예를 들어, 유럽 연합EU에서는 블록체인 프로젝트들을 지원하기 위해 대규모 투자 펀드를 설립했다. EU는 블록체인이 소상공인들의 금융 취약점을 해결하는 데 도움이 되리라 생각한다. 영국의 중앙은행인 영란은행은 디지털 화폐의 가용성에 대한 평가를 비롯해 이 분야에 관해 중대한 연구해 왔다. 버뮤다, 모리셔스 같은 섬나라 국가들은 새로운 법을 도입하여, 블록체인 관련 사업에 친화적인 환경을 만들고, 여러 종류의 토큰을 이용해 더욱 쉽게 펀드를 유치하고자 한다.

이 장에서 소개한 여러 프레임워크와 수단을 토대로, 어떠한 환경에서 사업을 하건 필요한 규제와 조건을 평가하고 이해할 수 있을 것이다. 또한 혁신가이건 규제 당국이건 자체적인 블록체인 생태계를 설계할 수 있는 장치에 대한 배경지식도 쌓았을 것이다. 중요한 핵심 개념에 익숙해졌으니, 블록체인을 어떻게 적용할 수 있는지에 대해 본격적으로 고민을 시작해 보자.

인간의 노력이 개입되는 거의 모든 영역에서, 블록체인 기술로 시장의 틀을 형성하여 번영을 불러오고, 부패를 줄이며, 보안을 강화하고 효율을 높이는 여러 방식이 있다. 또한 블록체인은 양날의 검처럼 새롭지만 위험한 메커니즘을 만들어 내기도 한다. 블록체인의 주요 특징, 즉 불변성 -삭제 불가능한 기록- 과 낮은 품질의 데이터와 완전한 투명성으로 인해 의도지 않은 결과를 초래할 수 있기 때문이다. 당신이 차버린 옛날 애인이 당신에 대해 안 좋은 거짓 정보를 당신의 미래 고용주가 접근할 수 있는 영구적 장부에 게재했다고 상상해 보라. 혹은 정부의 첩보팀이 다른 국가에서 치러지는 선거에서 잘못된 투표 데이터를 삽입했다고 생각해 보라. PART 2에서는 블록체인을 통해 업계에서 어떠한 방식으로 새로운 기회가 생겨나고, 어디에 관련된 위험 요소가 있는지를 살펴볼 것이다.

❖ 블록체인의 필요 여부와 이용자의 비즈니스 시스템에 적합한 부문을 판단하는 데 지침이 되는 옥스퍼드 블록체인 전략 프로그램

❖ 규제 당국의 블록체인 같은 와해성 기술에 대한 고민과 면책 조항 같은 수단으로 혁신을 촉진할 방안

❖ 블록체인 규제 환경의 국가별 다른 방식

Blockchain

PART 2

암호화폐,
산업의 거대한
변화를 이끌다

CHAPTER 4

금융업: 블록체인, 금융의 개념을 바꾸다

Point

- 서비스 사업은 '데이터 스트림(data stream, 데이터의 양이 한정되어 있지 않고 지속해서 생성되고, 시간에 따라 값이 변하는 데이터의 흐름·옮긴이)' 전반에 걸쳐 운영되는데, 이때 블록체인 효율성을 강화할 수 있다.

- 금융업은 블록체인으로 새로운 기회를 탐색하고 효율성을 개선하여 금융 산업과 사회 전반에 혜택을 줄 수 있다.

- 소비자와의 접점과 기관과의 접점에 블록체인 기술을 확대 적용할 수 있다.

금융 기업들은 데이터 집약적인 사업을 이행하기 때문에 분산원장을 적용하여 직접적인 혜택을 얻을 수 있다. 블록체인의 실제 적용사례도 많고, 금융업에서 실시한 시범 사업과 구축 사례를 통해 블록체인의 구축 방법에 대한 초기 교훈과 한계점에 관한 정보도 축적되어 있다. 매년 수조 달러의 금액이 블록체인과 관련되어 있다. 블록체인을 적용할 때 얻을 수 있는 장점에는 효율성 극대화, 비용감축, 금융기관에서 제공하는 서비스 품질 개선이 있다.

현대 금융 시스템의 실패를 보완하는 블록체인

서비스 사업에서는 정보의 흐름, 인간의 활동에 대한 추적과 관리, 경제적 혜택의 귀속 문제를 다루는 시스템을 이용한다. 선진국들은 산업 혁명 시기 동안 제조업에 대한 의존도가 높았지만, 근대에 와서 주로 서비스 기반의 경제국으로 방향을 전환해 왔다. 특히 이들 국가의 GDP 절반 이상이 금융, 의료, 숙박업에서 창출되고 있다. 한편 신흥경제국들은 서비스 산업에서 더 많은 경제 성과를 내고 있다.

금융업의 선례적 관행은 수 세기를 거슬러 올라갈 수 있다. 글자의 발명이 시작된 기원전 3,200년, 진흙 원장에 재무거래를 기록하기 위해 쐐기(설형)문자가 등장했다.[12] 킹 제임스 성경에서도 대금업자와 신전이 등장한다. 거의 2,000년 전 당시부터 은행가 혹은 고리대금업자들에 대한 규제와 신뢰 문제로 골머리를 앓았다. 현대 금융은 국제무역과 계몽시대(Age of Enlightenment, 유럽과 신세계가 계몽주의라는 광범한 사회 진보적, 지적 사상운동에 휩싸였던 17, 18세기를 가리킨다–옮긴이)로부터 탄생하게 되었다. 이때 런던증권거래소가 빅토리아 시대의 '그림자 금융(shadow banking, 일반 은행 시스템 밖에서 이루어지는 신용중개 혹은 신용중개 기관을 통칭한다–옮긴이)'에서 중요한 역할을 했다.[13]

금융업은 역사 전반에 걸쳐 중개인과 장부 관리에 의존해 왔고, 당사자들 간의 신뢰 정도와 투명성 강화 –재무장부 관리 부문에서 항상 만족시키기 위해 노력해왔지만– 에 대한 요구도 들쑥날쑥하였다. 상황이 이렇다 보니 현대 금융 시스템의 실패에 대응하기 위해 블록체인 기술이 개발된 것도 자연스러운 현상이었다. 게다가 지금껏 블록체인 기술에 가장 많이 투자된 부분이 현재의 금융 구조를 개선하거나 무효로 하려는 움직임에서 비롯되었다.

금융을 바꾸는 블록체인의 실험

금융업은 블록체인에 관한 실험에서 가장 중심에 있었고, 블록체인이 가장 많이 퍼지고 있는 분야이기도 하다. 금융업의 특성상 중개 기관이 켜켜이 자리 잡고 있으므로 금융 서비스가 매우 복잡하나는 섬에서 이와 같은 실험이 적극적으로 추진됐다. 금융기관에서도 수기 방식에서 디지털 방식으로 전환하긴 했지만, 프로세스 이면의 근본적인 운영 기능은 적절히 재설계하지 않았다는 점에서 구식의 프로세스를 이행하면서 여러 문제에 봉착하고 있다. 따라서 블록체인 기술을 이용하여 기존 프로세스의 형태를 새롭게 조정할 수 있다. 금융 기업들은 새로운 기술을 이용하여 마진율과 경쟁력을 끌어올리는 데 막대한 관심을 보인다.

금융업에서 블록체인 활동을 인프라 차원의 내부적 적용과 시장과의 접점에 해당하는 외부적 적용으로 구분해볼 수 있을 것이다. 이 외에도 금융업 차원의 제도적 적용과 소비자에 대한 적용으로도 살펴볼 수 있을 것이다.

– 소비자 접점 영역

블록체인의 시작점은 대중과 소비자와의 접점에 있는 비트코인이다. 비트코인에서 한 발짝 물러나 분산형 디지털 화폐 전반에 대해 생각해 본다면, 블록체인에서 비롯된 여러 가지 흥미진진한 시사점이 눈에 들어올 것이다.

– 화폐

무엇보다도 화폐를 정부의 통제권에서 벗어나게 한다는 도발적 개념은 정부를 믿지 않은 소비자들로부터 더 많은 신뢰를 얻게될 것이다. 실제로 일부 국가의 화폐가 매월 100퍼센트 이상의 인플레이션을 거쳤다는 점에서 법정 통화 외에 자산의 가치를 보관해 줄 제3의 화폐에 큰 매력을 느낄 수밖에 없다(자산을 저축하고 보관한 후 추후에 접근할 수 있는 새로운 방법을 모색하고자 한다). 비트코인과 같은 암호화폐에 대한 발상은 이론적으로는 경제와 무관한 정치적 압력 같은 외부 압력에 영향을 받지 않는다. 단, 블록체인 기반 화폐 -암호화폐- 의 현재 변동성을 고려한다면, 불과 몇 달 동안 300~400퍼센트 수준으로 보관 및 이전 가치가 요동치는 상황에서 암호화폐로 식품을 구매하거나 집세를 지급하기는 어렵다. 비트코인의 가격은 엄청난 속도로 오르고 내리기를 반복하고 있다. 게다가 특정 국가나 지역의 경제적 생산성과는 직접적 연관성도 없어 보인다. 상관관계가 없다는 점이 투자자들 처지에서는 흥미로운 대체 자산이 될 수 있지만, 여윳돈이 별로 없는 상태에서 생활비를 고정적으로 지출해야 해서 안정된 물가가 매우 중요한 직장인들에게 암호화폐는 바람직한 투자 대상이 아니다.

10장에서 블록체인의 정부 적용 사례를 살펴볼 때, 전자화폐의 또 다른 종류인 중앙은행 디지털 화폐Central Bank Digital Currency, CBDC에 대해 자세히 알아보고자 한다.

– 지급

금융업의 경우, 소비자 접점에서 블록체인을 적용할 수 있는 업무에는 결제 및 해외송금이 있다. 특히 신흥 국가에서 해외송금을 할 때 거래액의 10~15퍼센트를 수수료로 지급한다. 신흥경제국에 거주하는 이들에게 '빈곤층 세금'을 부과하게 되는 셈이다(부유층보다 빈곤층에 건별로 내는 금액이 더 높은 경우다). 그러나 블록체인 철도를 달리는 결제 및 해외송금 시스템의 도래와 함께, 송금 비용이 1퍼센트 미만으로 낮춰질 수 있다.

또한 소비자들은 블록체인 네트워크를 이용하여 서로에게 직접 이체할 수 있다. 은행이나, 중개 기관 혹은 제3자 금융기관의 개입 없이 P2P(peer-to-peer, 중앙 서버 없이 각 단말이 서로 동등한 입장에서 통신을 하는 네트워크-옮긴이) 지급이 가능해진 것이다. 이와 같은 거래에서는 기존 금융권에서 며칠에 걸쳐서 하던 업무를 몇 분 안에 처리할 수 있다. 페이팔의 자회사 벤모Venmo와 같은 제도권 기업이 연간 1,000억 건에 달하는 지급 거래를 처리한다는 점에서[14], 블록체인의 낮은 비용과 빠른 속도가 소비자들에게 직접적이고 즉각적인 혜택을 줄 수 있다는 설득력을 가질 것이다.

- 대출

P2P 혹은 분산형 대출 방식도 블록체인으로 개선될 수 있는 또 다른 소비자 접점 분야다. 오늘날 은행의 기능 중에는 예금을 받아서 특정 이자율을 지급하는 업무가 있다. 은행은 받은 예금을 대출로 빌려주면서 더 높은 이자율을 청구한다. 금리 차이, 즉 순이자 소득은 은행의 주요 수입원이다. 은행이 금리 차로 돈을

벌 수 있는 이유는 새로운 신용 위험을 파악하고(대출 가능한 소비자를 선별), 대출 심사하고(해당 고객이 갚지 못할 위험을 계산), 적정 대출금액을 계산하여 대출을 실행하기(상환 일자에 대출금 납부가 진행되고, 납부 지연이나 채무 불이행 상황을 처리한다) 때문이다. 대출 포트폴리오를 증권화하여 헤지 펀드 등의 형태로 위험을 상쇄하는 등 대출채권을 유동화하기도 한다. 이것이 바로 대출의 기본 원리다.

그런데 이 모든 기능이 블록체인에 탑재될 수 있다. 예금과 대출 이력은 분산원장에 기록될 수 있다. 신용위험에 대한 심사 업무는 디앱에서 실행할 수 있고, 대출 실행은 스마트 계약과 디앱으로 할 수 있다. 다음 섹션에서 이 부분에 관한 내용을 자세히 알아볼 것이다.

- 네이티브 디지털 은행

인공지능, 새로운 데이터 소스, 디지털 화폐와 블록체인을 결합하면, 이 모든 기능을 자동화할 수 있다. 그렇게 되면 은행은 불필요한 존재가 될 것이다. 블록체인은 코드를 확보하여 예금 유치, 대출 자본 마련, 대출 실행 업무를 처리할 수 있다. 전문 신용 심사원 대신 알고리즘을 이용하여 신용 심사를 실행할 수도 있다. 디지털 지갑을 이용해 이자 지급과 채권추심 업무를 처리할 수 있다. 이처럼 블록체인 기반을 이용하면 금융 서비스 수수료는 대폭 줄어들 수 있다. 게다가 중개 기관도 없고 비효율적인 요소도 제거하므로 전통적인 대출 방식보다 대출자가 얻는 이익이 훨씬 높다. 소비자 금융 상품이 (기업금융 혹은 기관금융 대비) 은행에서 가장 이윤이 높은 부문이라는 점에서, 주요 기관들은 블록체인 집단이 일으킬 파괴적 혁신에 대해 자연히 몸을 사리게 될 것이다.[15]

－보험

보험업에도 같은 논리를 적용할 수 있다. 자동차 보험증권을 비롯한 보험증권은 각종 위험을 담보하는 주요 수단이다. 자동차 추돌 사고가 나지 않길 바라지만 혹시 모를 사태에 대비하여 보험회사에 매달 보험금을 내는 사람들이 많다. 보험회사는 고객을 유치하고, 보험료를 책정하고 징수하는 역할을 해 왔고, 유사시에 문제를 처리해 준다. 보험금 지급이 타당하다고 판단된 경우에는 보험금 지급을 원칙으로 한다.

이와 같은 보험업도 블록체인이 업무 효율성을 개선할 수 있는 분야다. 양질의 인공지능과 연계된 스마트 계약은 심사 업무, 보험금 지급 판결과 지급 업무의 90퍼센트를 처리하여, 보험금 처리 절차 비용을 대폭 감축해 줄 것이다. 블록체인 기반의 리스크 관리를 통해 기존 보험 대비 더 적은 인력과 더 낮은 비용으로도 업무 처리가 가능해질 것이다.

‐ 기관에서의 적용

블록체인은 증권 트레이딩 업무 및 기관의 기타 업무의 속도, 비용, 법 준수 처리를 대폭 개선해 줄 수 있다.

‐ 결제 및 청산

결제는 자금의 이체 업무, 청산은 증권의 소유권에 대한 기록 업데이트 업무로 구성되어 있다. 장부 집약적이고 중개인의 개입이 막대한 절차에 복수의 이해관계자가 투입되어야 하는 매우 복잡한 업무들이다. 이때 분산원장과 디지털 토큰을 적용하여 절차를 대폭 간소화할 수 있다. 영국의 주니퍼 리서치Juniper Research는 블록체인을 통해 청산 비용을 연간 220억 달러 감축할 수 있다고 판단했다.[16] IBM은 블록체인으로 완화할 수 있는 금융거래사기 금액이 연간 110억 파운드를 상회할 것으로 전망했다.[17]

‐ 파생상품

현재 파생상품 계약은 블록체인을 이용해 자동으로 체결되고 있어, 금융거래에서 돈이 흐르는 속도가 대폭 개선되었다. 파생상품 계약은 조건에 맞게 체결 및 처리되고 있고, 사람들이 수작업으로 검증하지 않고 코드와 연동되어 진행된다. 원유 공급에 대한 선물계약과 같은 원자재의 경우, 즉 상품의 물리적 운송이 진행되어야 거래가 체결되는 경우에도, 파생상품과 연동된 스마트 데이터 시스템을 통해 트레이딩 계약 대부분을 처리할 수 있다. 무선 주파 수 인식Radio Frequency, RFID, GPS, 인공지능을 결합하여 이용할 수도 있다. 거래 행동, 기술 인프라가 변화해야 가능하겠지만, 미청산 계약(open interest, 거래된 선물계약이 어느 특정일 현재 만기일 도래에 의한 실물 인도 인수 또는 반대매매에 의한 청산이 이루어지지 않고 향후 인도나 인수를 해야 하는 포지션position의 상태로 남아 있는 계약 건수-옮긴이)의 금액이 1,630억 달러 이상이라는 점에서[18], 진지하게 평가 및 검토되고 있다.

– 금액 이체

블록체인은 기관 간 금액 이체 과정을 개선하는 데 막대한 가능성을 시사한다. 전 세계 금융기관들은 서로 간에 막대한 양의 통화를 거래하고 있다. 소비자가 해외송금을 하면, 송금은행과 수신은행이 송금 거래를 처리하기 위해 상호 협조해야 한다. 중개은행과 같은 중개 기관도 개입할 수 있다. 각 기관은 아일랜드의 존이 남아공의 메리에게 백 파운드를 송금하는 거래처럼 한 번에 한 건을 처리하는 것이 아니다. 업무를 효율적으로 처리하기 위해 여러 거래를 당일 마감 전에 모아서, '차액 계산netting'을 실시한다. 거래 당사자가 수취할 금액과 지급할 금액을 확정하여 그 차액을 계산하는(차액이 양(+)이면 거래 상대방으로부터 차액을 수취하고 음(-)이면 금액을 지급한다. 예를 들어 HSBC가 JP 모건에 당일 마감 전에 1억 파운드를 추가로 지급해야 하는지, 아니면 그 반대인지를 고민한다) 것이다. 이 과정에는 단계들이 정해져 있되, 문서작업을 재조정할 수 있기 때문에 예측과 반복이 가능하다. 따라서 블록체인으로 쉽게 처리할 수 있다. 회계사 여럿이 참여하는 것에 견줄 수 있을 것이다. 블록체인 인프라를 제공하는 리플은 쉴 새 없이 국제송금이 진행되는 가운데 기관들과 정부들이 관여된 자금의 흐름에 '갇혀 있는' 금액이 8조 파운드를 상회하는 것으로 추정한다.[19] 또한 리플은 구체적으로 이 문제를 해결하기 위해 고용량 프로토콜(high-capacity protocol, 비트코인보다 빠른 속도로 트랜잭션을 처리할 수 있는 프로토콜)을 설계했다.

– 인프라에 대한 적용

블록체인 시스템은 금융기관이나 금융 서비스 제공업체의 인력과 비효율성을 대폭 낮출 수 있게 한다.

– 장소 이동

일부 증권거래소는 거래소 업무 전체를 블록체인에 저장하는 실험을 현재 진행 중이다. 나스닥이나 독일증권거래소Deutsche Bourse와 같은 주요 거래소의 경우는 전체 인프라가 대체되기까지 시간이 꽤 걸리겠지만, 소형 거래소는 블록체인 도입을 본격화하고 있다.

– 법 준수

전 세계 금융기관들이 큰 골칫거리로 생각해 온 법 준수 분야도 블록체인으로 크게 개선될 수 있을 것이다. 맥킨지에 따르면, 법 준수 비용이 연간 2,200억 달러를 상회했고, 계속 상승하고 있다. 블록체인 기반의 신원 확인 시스템을 법 준수 기능에 연동하면 이 비용도 크게 절약할 수 있을 것이다. '고객 알기 제도KYC'의 경우, BIS 리서치BIS Research는 블록체인을 통해 연간 40억 파운드 이상을 절약할 수 있을 것으로 추정한다.[20]

 - 개인 정보 자산

전 세계 최대 금융 서비스 기관 중에는 회계 시스템을 개편하여 개인 정보 자산의 가치와 관리를 본격화한 기관들도 있다. 개인 정보 자산의 규모가 확대되면서 새로운 자산군으로 간주하기 시작했다. 유럽과 다른 국가에서 EU 일반 개인정보보호법GDPR과 결제 서비스 지침 개정안Payment Services Directive 2, PSD2을 제정한 이후, (페이스북의 CEO 마크 저커버그가 아닌) 소비자들이 자신의 개인 정보를 직접 통제할 수 있게 된다는 개념이다. 이처럼 정보 통제권을 누가 보유하는지에 대한 새로운 데이터 아키텍처(data architecture, 정보 기술에서 데이터 아키텍처는 수집되는 데이터와 데이터 시스템 및 조직에서 데이터를 저장, 배열, 통합 및 사용하는 방법을 결정하는 모델, 정책, 규칙 또는 표준으로 구성된다-옮긴이)는 개인 정보 관리 방식에 대한 질문으로 이어진다. 금융기관 내 새로운 시스템에서 개인 정보를 관리해야 한다는 의미이기도 하다.

블록체인 시스템은 적절한 암호화 기술과 더불어 민감한 개인 정보 자산을 안전하게 저장하고, 개인 정보 보호 규제를 자동으로 준수하기 위해 데이터 거버넌스를 실행할 수 있다. 나는 토마스 하드요노Thomas Hardjono, 알렉스 펜트랜드Alex Pentland가 공동 집필한 저서 『트러스티드 데이터Trusted Data』에서 개인 정보에 대한 새로운 데이터 아키텍처와 관련 시스템을 설명한다(MIT 프레스, 2019).

블록체인은 장부 기장 및 중개 기관을 토대로 구축된 금융 서비스 산업의 판도를 뒤흔들고 있다. 거래 이후 처리post-trade 부문에서 전 세계 최대 금융 서비스 기관인 '금융거래정보저장소Depository Trust and Clearing Corporation, DTCC'는 주요 거래소와 기관 주주들이 블록체인 시스템을 도입할 경우 하루아침에 무용지물이 될 것이다. 이러한 이유에서 DTCC는 블록체인 연구에 방대한 투자를 진행하고 있다(당연히 나스닥 거래소도 유사한 노력을 하고 있다).

블록체인이 도입되면, 미들 오피스(middle office, 고객 응대 창구 업무를 지원하고 통제하는 부서 또는 업무—옮긴이)와 백 오피스(back office, 일선 업무 이외에 후방에서 일선 업무를 지원하고 도와주는 부서 또는 그것과 관련된 업무—옮긴이)의 수백만 개 일자리가 향후 5년 동안 사라질 것이다. 눈치 빠른 금융 서비스업 임원들은 이미 대전환 대비책을 세우고 있다. 지난 몇 년 동안 금융업 종사자들을 만나면서 변화를 느낄 수 있었다. 주요 금융 서비스업 조직의 혁신적이고 미래지향적인 임원을 만날 때마다, 그들 중 블록체인 관련 기업을 창업하거나 관련 기업에 취직하기 위해 12개월 내로 퇴사하는 비율이 50퍼센트는 되었다.

❖ 블록체인을 이용한 금융 서비스의 각종 실험

❖ 블록체인이 제도와 인프라 차원에서 금융 서비스와 소비자들에게 미칠 영향

❖ 블록체이이 죽개 기관에 미칠 일부 영향

CHAPTER 5

의료: 맞춤형
헬스케어를 주목하라

- 보건 산업은 블록체인을 기반으로 비용을 낮추고 의료 수준을 개선할 수 있는 다양한 실험을 시작하고 있다.

- 의료 전달 체계에서 환자 정보와 의무기록 관리 분야에 블록체인이 가장 우선적으로 적용될 수 있다.

- 임상시험에서 생명을 살리는 약의 비용을 낮추고 출시 (time to market) 시점을 앞당기는 차원에서 블록체인을 활용할 기회가 많다.

- 세월이 흐를수록, 블록체인을 통해 의료서비스 제공 방식을 근본적으로 전환할 많은 기회가 생겨날 것이다.

블록체인 기술은 환자의 복지 개선, 보건 시스템 운영 비용 절감 차원에서 폭넓게 효과를 드러내며 다양한 보건 분야에 적용될 수 있다.

우선, 보건 서비스에 이용되는 개인 정보에 관해서도 흥미로운 시사점이 있다. 사람들은 자신의 의료 정보가 유출되지 않고 개인 정보 보호 차원에서 안전하게 남아있길 바란다. 대부분의 소재지에서는 개인 정보를 공유·사용·저장하는 방법에 대해 법규제를 마련해두었다. 일반 소비자들은 자신의 의료 정보에 누가 어떠한 상황에서 접근했는지 알고 싶어 한다. 이때 블록체인은 환자의 의무 기록을 누가, 얼마나 자주, 어떠한 권한으로 검토했는지에 관한 불변의 기록을 제공할 수 있다. 또한 보건 시스템에서 데이터 거버넌스에 대해 스스로 더 많은 통찰을 확보하게 되므로 시스템 자체에 대한 신뢰도도 올라갈 수 있다.

그런데 전 세계적으로 최근 몇 년 동안 개인보건정보보호 규정이 새롭게 도입되며 위반 시 엄격한 벌금이 부여됨에도 불구하고, 개인 의무기록에 부적절하게 접근하여 개인정보보호법을 위반하는 사례가 증가해왔다. 첫째, 환자는 이와 같은 위반 행위가 발생하는 경우 알 권리를 갖고 있다. 둘째, 위반 행위에 대해 민원 신청과 수사 의뢰를 진행해야 한다. 그러나 블록체인에서 소비자들은 데이터의 수정 이력audit trail을 확인하여, 자신의 정보를 누가 언제 접근했는지 파악할 수 있다. 또한 인공지능을 이용하여 현재 데이터 시스템보다 모니터링과 의료 비상경보를 보다 효과적으로 전달받을 수 있다.

반면, 소비자 스스로가 자신의 건강정보를 신속히 확인하고자 하는 경우도 있을 것이다. 예를 들어 응급상황에 처했다면, 자신의 의무기록을 최대한 빨리 확인해야 할 것이다. 무엇보다 골든타임을 놓치지 않고 위기를 넘기고자 할 것이다. 병원을 옮기는 경우도 마찬가지다. 개인 의무기록을 쉽게 통합하여 전달해야 한다. 그런데 21세기가 30년이 지났는데도 불구하고, 많은 병원에서 팩스로 자료를 주고받는다. 안전한 블록체인 프로토콜로 교체될 수 있고, 반드시 교체되어야 하는 구시대적 잔재, 즉 종이 매체 시대의 오랜 유물인 셈이다.

의무기록 개방화
오늘날 많은 국가의 의료시스템에서 환자가 직접 자신의 의무기록에 접근하는 것 자체가 힘들다. 전자의무기록을 제공하는 헬스케어 기업들이 경쟁상의 이유로 애초에 의도적으로 회사 간에 호환이 안 되도록 시스템을 설계했기 때문이다. 이처럼 폐쇄된 아키텍처를 블록체인으로 개방화하게 되면, 개인 의무기록의 이동성을 강화할 수 있을 것이다. 이를 통해 소비자들은 양질의 비용으로 효과적인 진료를 경험할 수 있다. 병원을 옮기더라도 의무기록을 쉽게 이동시킬 수 있고, 더욱 쉽게 의사를 만나고 더욱 신속히 치료를 받을 수 있다.

의료 정보의 통합과 공유

특정 종합병원이나 의원에서 진료를 받거나, 치료 과정에 변화가 필요한 상황에서 다른 병원이나 부서로 진료를 의뢰하기도 한다. 응급실에서 중환자실로 이동하거나, 종합병원에서 요양병원으로 이송되거나 외래진료로 전환하기도 한다. 이렇게 환자의 이동이 일어날 때, 의료 과오가 가장 빈번하게 일어나, 병원에서 부상을 당하거나 죽음에 이르기도 한다. 데이터 오류가 원인일 때가 많다. 환자에게 어떠한 알레르기가 있는지 의사나 간호사가 알고 있었는가? 적합한 시술 혹은 수술을 이행했는가? 다리 절단 수술을 해야 하는 경우, 수술이 필요 없는 다리에 검은색 마커로 표시를 해 둔다. 외과 의사가 다른 쪽 다리를 절단하도록…. 나름 확실한 방법일 수도 있겠으나, 디지털 시대에 이것이 우리가 할 수 있는 최선일까? 분산형 데이터베이스를 비롯하여 데이터 시스템이 훨씬 개선되지 않았는가? 환자의 전체 진료 및 치료 주기 관련 주요 의료 정보를 끊김 없이seamlessly 통합하고 강조하는 데 도움을 줄 수 있다.

의료 사기의 감소

세계보건기구World Health Organization, WHO는 의료 사기로 연간 1,600억 파운드 이상의 비용이 초래된다고 밝혔다. 다른 분야에서처럼 불변의 기록을 생성하여 각기 다른 데이터와 연동하는 블록체인 기술을 활용한다면 의료 사기도 대폭 완화할 수 있을 것이다. 지금처럼 별도로 존재할 경우, 진실이 왜곡될 가능성이 크다. 진단 결과에 대한 코드 입력 오류 가능성도 사기에 노출되어 있다. 사용 기반 모형에서는 환자의 상태에 대해 의료진 혹은 병원이 고가의 치료비가 요구되는 다른 상태를 코드로 입력하는 사기를 범할 수 있다. 그러나 블록체인을 이용하면, 치료 점검 및 결제 데이터를 대폭 개선할 수 있다. 결제 및 치료 패턴의 통계적 분석을 통해 보험회사와 정부가 이상 현상anomaly을 보다 효과적으로 탐지할 수 있다.

의료 기기의 품질과 안정성 추적

의료 기기의 품질과 안전성은 스피리투스 파트너스Spiritus Partners와 같은 기업에서 추적할 수 있는 사항이다. 이 기업은 블록체인을 이용해 현재 특정 의료 기기를 누가 소유하고 있는지, 이용 내역은 어떠하고, 안전성 관련 이슈에는 무엇이 있는지를 파악한다. 기기에 결함이 있을 경우, 빠르고 신뢰 가능하며 투명한 방식으로 파악 및 해결할 수 있다.

의료 데이터의 자동화

의료진이 누구이고, 어떠한 자격을 갖고 있으며, 병원이 어떠한 민간보험사와 연계되어 있는지(특히 미국 시장에서 중요한 사안이다)는 데이터 품질, 시의 적절성, 가용성의 문제와 직결되어 있다. 내가 전에 운영하던 회사에서 판매하는 상품을 예로 들겠다. 의료진의 주소 및 기타 연락정보에 대한 최신 기록을 보유하고, 해당 병원에서 취급하는 보험회사와 의료진의 자격 정보를 제공하던 상품이었다. 이 상품은 적합한 분산원장을 이용하면 큰 폭으로 혹은 전적으로 자동화 처리가 가능할 것이다.

공공 보건의 품질 향상

보건 체계의 질적 수준도 블록체인으로 개선할 수 있다. 환자의 개인 정보를 반드시 보호해야 하지만, 공공의 이익도 간과할 수는 없다. 전염병학자들의 입장에서는 다양한 환자군에 대한 의료 데이터에 접근하여 얻을 수 있는 소중한 정보가 상당하다. 특정 질환에 대한 질병률과 사망률 데이터를 평가하고, 효과적인 보건관리 방안에 사용할 수 있기 때문이다. 적합한 블록체인 프로토콜이 적용된다면, 데이터 거버넌스를 효과적으로 할 수 있으므로 질병 등록체계가 더욱 역동적으로 이용되고 관리하기 쉬워질 것이다.

제약 및 의료 연구의 향상

바이오 기술, 제약 및 의료 연구 분야로 보건 서비스를 보편화하면, 여러 기관에서 유용한 결과만 생성하는 것이 아니다. 낭비 요소를 없애고 신약 혹은 새로운 기기 개발의 속도를 높이는 데 오류및 시행착오에 관한 데이터를 활용할 수 있다. 오늘날 제약회사나바이오 기술 기업들이 자사의 오류 데이터 혹은 임상 데이터를 효과적으로 공유할 수 있는 메커니즘은 없다. 이때 다양한 형태의 블록체인 기술, 특히 비밀공유(secret sharing, 비밀키의 소유자가 한 명이아닌 다수의 인증된 참가자들이 되고, 이때 임의의 참가자는 비밀키의 일부조각을 소유하게 된다—옮긴이)를 통해 다자간 연산을 이용하면, 환자데이터 전반에 걸쳐 익명 처리된 주요 데이터를 교환하되, 경쟁이나 개인 정보 보호의 문제를 일으킬 만한 정보는 유출하지 않을 수있다. 관련된 세부 내용은 이 책에서 자세히 다루기에는 매우 방대하지만, 앞서 언급한 저서『트러스티드 데이터』에서 부분적으로 다루고 있다. 이 외에도 2016년 백서 '블록체인과 보건 IT: 알고리즘,개인 정보 보호, 데이터Blockchain and Health IT: Algorithms, Privacy, and Data'를 참고하면 된다.[21]

블록체인과 토큰도 특정 임상연구에 대한 환자의 동의서를 자동 캡처본으로 얻는(이 방법이 아니면 관리하기에 비용과 시간이 많이 든다) 새로운 임상연구 모형을 제시할 수 있다. 환자 참여를 유도하는 인센티브도 디지털 토큰을 이용하여 제공함으로써 임상시험에 필요한 데이터 기여를 촉진할 수 있다.

그 결과 실사용 증거real-world evidence를 광범위하게 도출해 낼 수 있고, 제약 및 바이오 기술 산업의 장기적 발전에 중요한 씨앗이 된다. 그렇게 되면 신약이 시판된 후에도 또 다른 임상연구에 환자들이 자신들의 데이터를 사용하도록 동의하게 만들 수 있다. 의약품 혹은 상품에 관해 새로운 문제가 수면 위로 떠오를 경우, 새로운 임상시험을 개시하고 데이터가 수집될 때까지 기다리고 그로부터 수년 후 결과를 분석하지 않고도, 관련된 환자 혹은 영향을 받은 환자를 같은 연구에 투입할 수 있을 것이다. 결과적으로 임상 데이터에 '타임머신'을 탑재하여, 효과적으로 되감기 버튼을 눌러서 임상의들이 전 단계로 돌아가 환자 데이터에 대해 여러 질문을 제기할 수 있을 것이다. 환자들을 임상시험에 재등록하거나 임상시험을 재가동할 필요가 없어진다. 색다른 종류의 환자 참여 모형이 생겨나는 것이다.

블록체인을 적용하여 환자의 여정 -위급(시간을 다투는 비상사태)하거나 만성적인(반복적인 병원 방문) 환경에서- 을 정확하게 추적하는 등 환자 경험을 대폭 개선할 수 있다. 환자 입장에서도 여러 장점이 있다. 기본적인 의무 데이터(활력 징후 및 병력 등), 데이터의 해석(진단), 시간에 따른 진행 추이(활력 징후, 검사 결과 등)에 의해 환자에 대한 예방적·중재적 차원의 의료가 보다 정확하게 결정되기 때문이다. 그러나 광범위한 차원에서는 기업 간 경쟁 구도 및 규제 장벽 등의 이유로, 보건 및 임상연구 자료에 대한 접근성이 매우 제한적이다.

디지털 헬스 분야에서 등장하기 시작한 데이터 집약적인 애플리케이션들은 '환자'라는 공동의 중심축을 공유하지만, 해당 데이터는 파편화되어 저장되고 있다. 블록체인을 보건에 적용할 경우, 산발적인 정보를 개인과 사회 발전을 위해 통합 및 결합할 수 있다. 상호 배타적인 '데이터 사일로data silo' 문제에 대해 일부 국가에서는 개방화를 위한 입법화 노력을 진행하고 있다. 전 세계적으로 진료 모형은 거래 건별에 대한 접근에서 지속적인 치료와 관리 모형으로 진화하고 있다.

버스트 IQBurst IQ의 프랭크 리코타Frank Ricotta 대표처럼 과감한 기업가들은 '환자 맞춤형 치료모델로의 전환점'을 전망한다. 소비자 건강에 관여하는 다양한 요소('23앤드미(23andMe)'와 같은 DNA 검사 기업이 제공하는 서비스 및 기타 수치화 가능한 자가진단 상품 등)에 전통적 병원 진료 개념을 연결하는데, 이때 정밀의학, 인공지능, 상호 연결된 기기 및 여러 기술을 대폭 활용하는 것이다.

이렇게 되면, 블록체인은 더 나은 환자 결과를 도출하기 위해 현재 산발적으로 흩어진 헬스케어 과정을 순조롭게 연동하는 이송 및 저장 네트워크 역할을 할 수 있을 것이다. 또한 데이터 품질의 등급을 매기는 데도 이용할 수 있다. 예를 들어 최첨단 의료설비를 이용하여 병원에서 측정한 맥박은 애플워치로 측정한 것에 비해 더 정확할 것이다. 단, 애플워치는 이용자의 몸에 항상 붙어 있는 것이므로, 보다 완전한 평가를 위해 환자에 관한 더욱 광범위한 관측치를 제공해 준다. 건강에 관한 데이터양이 기하급수적으로 증가하고 있는 상황에서, 지능형 코드와 블록체인을 결합한다면 파편화된 환자 정보에 질서를 부여할 수 있을 것이다.

❖ 개인의 건강 데이터와 블록체인의 관계

❖ 블록체인을 도입하여 확장할 수 있는 임상 진료와 의료 연구에서 기회 탐색

❖ 새로운 환자 맞춤형 헬스케어 모형에 블록체인을 도입했을 때 생겨난 큰 변하아 기히

CHAPTER
6

에너지와 식품:
산업의 안정성을 높이는
블록체인 기술

- 블록체인은 원산지와 사용 방식에 대한 세부 정보의 이해에 도움을 줄 수 있다.

- 에너지 분야에서 블록체인은 에너지를 생산하고 공급하는 방식을 개선하고, 에너지를 둘러싼 금융 시장을 효율화할 수 있다.

- 식품 분야에서는 식품 안전성을 강화하고 농민의 수익을 개선할 수 있다.

불변성을 주요 특징으로 하는 원장에는 추가되거나 변경된 사항에 대해 명확한 이력이 남기 때문에, 대상의 출처를 파악할 수 있다는 것이 큰 장점이다. 대상의 원산지를 추적하고, 시계열적 시점별로 누구의 소유였는지를 파악할 수 있게 된다.

예를 들어, 전쟁 지역에서 '전쟁 중의 다이아몬드conflict diamond'가 생산되고 있다. 특히 아프리카 사하라 이남 지역의 몇몇 국가에서 가장 많이 생산되고 있다. 이 지역에서 생산된 다이아몬드는 수입금이 전쟁 비용으로 충당되고 있어 '블러드 혹은 피의 다이아몬드'라고도 불린다. 보석 산업에서는 특정 원석의 채굴 지역과 전쟁을 위해 착취된 상품이 아니라는 점을 증명하는 기준을 마련했다. 이처럼 물리적인 재화도 정보의 신뢰성과 투명성이 중요한 분야에서 수치화된 자산, 즉 데이터로 치환될 수 있다. 약혼반지로 구매한 상품이 노예 노동 착취의 결과물이 아니고, 대량 학살에 일조하지 않았다는 사실을 확실히 하고 싶을 것이다. 이때 블록체인 시스템은 원석의 원산지에 대한 불변의 기록 -생산부터 판매까지 소유주 이력에 대한 추적- 을 제공한다. 비슷한 맥락에서 예술작품을 거래하는 시장에서도 자산의 가치와 관리 차원에서 출처가 매우 중요하다. 블록체인에 대한 실험을 본격화한 산업이 바로 예술산업이다.

고급 천연 원석을 거래하는 시장은 연 매출이 160억 파운드를 상회할 정도로 큰 규모임에도 틈새시장이다.[22] 전 세계 에너지[23][24]와 식품[25] 시장을 합쳤을 때 전 세계적으로 12조 파운드의 규모로, 원산지와 투명성이 보석 산업만큼 중요하다.

에너지와 식품 시장의 공급망 구조는 유사한 특징을 지닌다. 우선 생산지가 별도로 있고, 복잡한 공급망을 거쳐 운송되어 복수의 지역으로 유통되는 방식이다. 에너지 저장시설의 발전에도 불구하고 유효기간처럼 시간에 대한 제약도 있다. 생산되는 자원이 특정 시기 동안 소비되지 않으면 유통기간이 '초과'되어 이용할 수 없게 되기 때문이다. 두 분야 모두 엄격한 규제를 받고 있고, 오랫동안 많은 불편함과 문제가 속속들이 등장했다. 구시대적인 추적, 보고, 법 준수 의무사항도 기업에 큰 부담으로 작용했고, 공급망에 참여하는 주체들도 작은 민간업체부터 정부 기관까지 다양하고 참여 구조도 복잡하다. 에너지업과 식품업의 특성상 블록체인이 적용될 분야가 많고, 분산원장기술 전문 사업체들은 최근 몇 년 동안 총 수백 건의 파일럿 사업을 실시했다.

블록체인으로 구현하는 역동적 에너지 시장

에너지 분야에는 복수의 참여 주체와 소재지가 투입된 복잡한 공급망이 자리하고 있다. 각 참여 주체와 소재지는 주기적으로 접촉하며, 서로 연결되어 있으면서 연간 1조 5천억 파운드 이상의 지출액에 관여한다.[26] 이 책의 4장에서 블록체인과 에너지의 몇몇 금융적 측면을 간략하게 다루었다. 여기에서는 에너지 생산과 유통에서 투명성이 증가하면 공급량을 보다 효과적으로 관리하고, 부족 혹은 과잉 사태에서 대처 방안을 모색하며, 가격 변동을 조절할 수 있는 역량이 배가되는 측면을 살펴볼 것이다.

– 물류

물류는 에너지 분야의 생명줄이다. 추출 및 생산 장소에서 중장비를 배치하고 관리해야 하고, 복잡한 공급망 -공급업체, 원청·하청·재하청 업체, 서비스 제공업체- 에서는 막대한 양의 계약, 청구서, 물품추적문서를 쏟아 낸다. 적절한 조율과 조정을 위해 상당한 노력이 필요하다. 에너지 생산과 유통 분야에서 비용 할당은 매우 중요한 기능이다. 에너지가 국경을 가로지르며 흐르는 상황에서 국가와 지역별로 다양한 법 제도에 맞게 교역에 관한 문서화와 조정 작업이 필요하다.

옥스퍼드 블록체인 전략 프레임워크에서는 수많은 참여자와 중개자가 여러 층을 이루고 있다는 차원에서 블록체인을 반복적인 절차에 적용하기에 매우 적합하다고 주장한다. 문서화 및 계산 작업을 자동화할 수 있는 큰 장점이 있다는 설명이다.

– 그리드(grid, 전기가 발전원에서 소비자에게 전달되는 상호 연결된 전

력망-옮긴이) 관리

에너지 그리드망에도 블록체인을 이용하면 관리 역량을 배가할 수 있다. 역사적으로 에너지 유통 혹은 배분은 일반적으로 이행됐다. 전기회사들이 에너지를 생산하여 소비자들의 가정에 송전해 주는 방식이다. 그러나 가정에서 태양열 장비를 설치하고 부하량을 관리하기 위해 '스마트 그리드' 기술이 도입됨에 따라, 쌍방향 에너지 경제가 도래하는 현실을 부정하기 어렵다. 소비자들이 가정으로 송전되는 에너지에 대해 비용을 지불하는 것이 아니라, 태양열이 가장 많이 생산되는 시간대에 발전되는 과잉 에너지를 다시 보낼 수 있게 되었다. 에너지 송전량을 현지 수준에 맞게 유지함으로써, 송전 손실을 줄여 효율성을 높일 수 있다.

블록체인을 통해 끊김 없고 역동적인 다자주의적 에너지 시장을 구현할 수 있다.[27] 호주에서 에스토니아와 뉴욕주의 브루클린에 이르는 다양한 지역에서 위파워WePower와 브루클린 마이크로그리드(Brooklyn Microgrid, 컨센시스Consensys 그룹의 자회사)[28]와 같은 기업들이 블록체인 기반의 마이크로그리드(microgrid, 소규모 지역에서 전력을 자급자족할 수 있는 작은 단위의 스마트그리드 시스템-옮긴이)를 도입하려는 움직임을 보인다. P2P 에너지 시장은 단말end-point 에너지 관리를 민주적으로 할 수 있음을 시사한다. 이를 통해 보다 효율적인 시장을 유도하여 소비자들이 지불하는 비용을 낮출 수 있을 것이다.

에너지의 원산지와 이력도 중요한 요소다. 소비자들이 가스나 석유 대신 청정에너지를 바람직한 에너지원으로 생각하는 현실에서, 전기가 어떻게 생산되는지에 대한 정보와 인증, 나아가 석탄과 같은 '더러운' 에너지원이 개입하지 않도록 하는 메커니즘이 필수적이다.

에너지 분배 관리에 블록체인을 적용하는 노력은 소비자들을 대상으로 하는 유동시장에만 국한되지 않는다. 에너지 도매 분야도 (정부와 민간 분야에서) 복수의 참여자가 있는 복잡한 체계를 갖고 있다. 에너지의 송전뿐 아니라 상호 연결된 주체들 간에 대량 데이터를 전송하는 작업도 필요한 구조다. 캐나다의 퀘백주에서 생산된 수력에너지는 미국의 매사추세츠주와 같은 에너지 고소비 지역으로 전송될 수 있다.[29] 마찬가지로 에너지 도매 시장에서도 블록체인을 통해 투명성, 데이터 공유의 편이성, 복수의 참여자들에 대한 관리 자동화를 구현할 수 있다.

블록체인이 부가가치를 가져올 수 있는 다른 영역들도 있다. 전기회사들은 블록체인을 통해 보다 효과적으로, 더 낮은 비용으로 재고를 관리할 수 있다. 자동화된 블록체인 자산 관리 시스템을 이행하면 가능한 일이다. 비용 청구와 스마트 계량에도 블록체인을 이용하여 자동화를 폭넓게 활용할 수 있다. 블록체인을 통해 에너지 공급업체 간에 보다 쉽게 데이터를 주고받을 수 있다.

한편, 정부의 전략적 목표에 대해 생각해 보자. 여러 융합형 기술을 적용할 기회가 많아질 것이다(블록체인을 비롯한 최근 혁신기술 한두 가지를 융합하는 경우). 또한 다음의 목적을 위해 도시와 지역 단위로 경기를 분석할 수 있을 것이다. (1) 경제 발전도를 이해하고, (2) UN 지속 가능한 개발목표를 향한 발전도를 평가하며, (3) 인프라를 계획할 수 있다. 예를 들어 계량 경제적 분석 내용을 보다 투명하게 공개하여 에너지 소비 및 수요 변동성 문제를 더욱 효율적으로 해결할 수 있을 것이다. 이와 같은 기능은 인공지능, 빅 데이터 시스템, 블록체인을 혼합하여 강화할 수 있다.

식품 안정성을 높이는 블록체인 기술

전 세계 식품 공급 분야도 블록체인을 적용할 준비가 되어 있다. 특히 식품의 원산지를 비롯한 이력을 추적하고 투명성을 확보하는 차원에서 블록체인이 유용하게 이용될 수 있다. 식품 추적성과 성분에 대한 공급망 관리는 농업, 식량 생산 및 유통에 어마어마한 시사점을 제시한다.

– 식품 안전성

상품에 대한 투명성을 높이고 개별 성분에 대한 추적성을 강화하면 오염 문제부터 제품 리콜에 이르는 다양한 안전문제를 효과적으로 관리할 수 있다. 예를 들어 살모넬라균 감염 사태가 발생한다면, 더욱 효과적으로 문제를 파악하고 사태를 진정시킬 수 있을 것이다. 유통업체 소비자, 그리고 주요 당국에도 신속히 문제에 대해 고지할 수 있다. 그렇게 되면 감염의 진원지를 빠르게 추적해낼 수 있을 것이다. 리서치 회사 가트너는 전 세계 마트나 슈퍼마켓 중 20퍼센트는 2025년까지 어떠한 형태로든 블록체인을 도입하여 식품 공급망에 투명성을 강화할 것이라고 전망했다.[30]

유기농 농산품, 농약을 치지 않은 농산지 직매입 농산품에 대한 수요가 증가하는 가운데, 월마트같은 대형 유통업체는 IBM 같은 기술기업과 제휴를 맺어 자사의 식품 공급망 전체에 완전한 투명성을 도입하고자 한다. 식품 원료를 추적하려면 전에는 7일이 소요되었는데, 블록체인을 이용하여 3초 미만으로 줄일 수 있게 되었다.[31]

– 식품의 이력 추적

식품 이력을 추적하는 작업은 환경·사회·지배구조Environmental, Social and Governance, ESG 요소에 시사하는 바가 크다. 식품에 특정 농약 혹은 호르몬의 무첨가를 입증하거나, 작업 조건과 적절한 노동 처우에 관한 내용도 모니터링 및 인증할 수 있다. OECD의 기업 책임경영Responsible Business Conduct, RBC 같은 가이드라인은 유엔 기업과 인권 이행원칙UN Guiding Principles on Business and Human Rights, UNGPs과 같은 표준을 반영하고 있다. 이러한 가이드라인이 식품 공급망에 적용되면 생산 시에 윤리적인 노동이 이행되었다는 사실을 신뢰할 만한 인증마크로 표기할 수 있다.

나아가 머지않아 원자재의 이력을 추적하는 날도 올 것이다. 루이스 드레이푸스 커머더티즈Louis Dreyfus Commodities 그룹의 CEO 세르지 쉔Serge Schoen은 매년 '이집트산'으로 판매되는 면이 다른 면에 비해 2배 이상의 가격으로 판매되고 있는데, 실제 생산량의 2배가 넘는 양이라고 말했다.[32] 이집트 면과 같은 고급상품을 위조하여 이윤을 갈취하려는 사기꾼들의 의도가 다분히 느껴지는 대목이다. 블록체인으로 제품의 원산지와 품질을 보증할 수 있다면 효과적인 억제수단이 될 것이다.

- 협업 강화

캄보디아의 쌀 농가들은 분산원장기술을 이용하여 곡물가를 높이기 위해 연합을 조성하고 있다.[33] 비효율적인 측면이 너무나 많은 식품 생산·유통계 안에서 공정성과 투명성을 개선하는 블록체인 시스템을 통해 효과적으로 수급을 관리할 수 있다는 희망에서다.

- 속도 개선

블록체인은 식품 공급망을 관리하는 속도를 끌어올리는 효과적인 수단이다. 원자재 유통의 거물 기업인 루이스 드레이푸스는 블록체인 기술을 통해 도매사업에서 거래 시간을 80퍼센트 줄일 수 있었다(파일럿 단계에서 대두 거래량 6만 톤에 대해 시범 적용했다).[34] 여전히 종이와 팩스 용지가 넘쳐나는 아날로그적 업무수행 방식을 디지털화하고, 네트워크로 연결된 기술을 이용해 데이터 결합을 가능하게 하는 등 블록체인은 전 세계 식품 공급 분야의 기본적인 물류 흐름을 뒤흔들고 있다.

식품 공급망에 블록체인을 적용하게 되면, 소비자가 지불해야 하는 금액이 다소 높아질 수 있다. 생산 시에 관행화된 노동 착취가 완화되기 때문이다. 새로운 디지털 시대에 맞게 인건비를 합리화하는 시점까지는 식품회사의 이윤이 감소할 수 있을 것이다. 인건비 문제가 해결해야 할 주요 사안이 될 것이다. 그래도 블록체인을 적용하면 공정성, 효율성, 식품 안전성의 배가라는 더 많은 장점이 있다.

시스템의 효율성과 투명성 강화

블록체인을 에너지와 식품 등의 분야로 적용하게 되면, 상호 연결된 참여자들에게 시스템적으로 접근할 수 있다. 변화하는 상황과 신규 진입자들에게 맞게 구도를 재조정할 수도 있다. 취급 상품이 망고이건 킬로와트급의 전기이건 한 번의 소비로 사라진다는 공통점을 토대로 사람들의 니즈에 맞게 보다 효과적으로 유통되고 있다. 블록체인으로 투명성을 강화하고 정보교환의 속도를 높이며 민주적인 혹은 분산형 통제 역량을 부여할 수 있다.

생산의 수단이 이전보다 노동자의 손에 의해 좌우된다는 점, 여러 소형주체의 집단협상력이 자동으로 형성되어 분산원장과 토큰거래소를 통해 경제적 산출물과 연동된다는 점에서 자본주의와 공산주의의 지향점을 -낯선 조합이지만- 혼합한 결실이다. 예를 들어 농업 생산물에 대한 토큰 거래소는 생산되는 재화나 용역에 직접적으로 연동된 새로운 화폐를 창출할 수도 있다. 이를 통해 수많은 소형주체로 구성된 큰 네트워크 안에서 가치의 거래가 더 투명하고 공개적으로 진행되도록 할 것이다.

chapter 6 Check

❖ 이력 추적의 개념과 이력 추적이 중요한 이유 및 분야

❖ 에너지 분야에서 블록체인이 전방위적으로 처음부터 끝 단계까지 적용될 가능성

❖ 블록체인을 통해 식품 안전성과 지속 가능한 농업을 유지할 방법

부동산, 환경, 천연자원: 암호화폐로 집을 사고파는 시대가 올까?

- 새롭게 이용할 수 있게 된 데이터 세트(dataset, 데이터베이스 전체, 스프레드시트, 그 밖의 데이터 파일이나 관련된 데이터 자원의 집합-옮긴이)에 블록체인을 적용하면, 사회에 대한 이해와 상호작용이 용이해질 수 있다.

- 보다 효율적이고 효과적으로 부동산을 매입, 매매, 개발 및 유지할 수 있다.

- 분산원장기술을 이용하여 환경, 정책, 경제의 상호 시너지 효과를 크게 배가할 수 있다.

- 금, 원자재 등 다양한 천연자원을 더욱 손쉽게 거래할 수 있다.

우리는 우리가 이동하며 생활하는 물리적 세상을 손쉽게 접근 가능하고 소통 가능한 정보의 집합으로 전환하기 위해 많은 노력을 기울이고 있다. 결과적으로 물리적 장소와 공간의 영역에서 일어나는 다양한 활동에 블록체인의 여러 사용 용례가 새롭게 등장할 전망이다.

예를 들어 오랫동안 이어져 온 부동산 매매 관행에도 블록체인의 바람이 불 것이다. 현재까지 부동산 데이터 차원에서는 폐쇄된 시스템과 시대에 뒤떨어진 데이터 세트로 가격 책정을 일방적으로 정하는 독점 기관의 입김이 주로 작용했다. 그러나 블록체인이 상용화되는 미래에는 세분된 데이터 세트를 더욱 폭넓게 이용하고 공유할 수 있을 것이다. 이때 인공지능이 부분적으로 활용되어 데이터가 자동 보강되어 유용성이 대폭 강화될 것이다. 그 결과 정보가 더욱 빠르게 이동하고, 궁극적으로는 재화와 용역의 이동도 가속화되어, 경제적 생산성을 높이고 비용을 감축할 수 있게 된다.

단, 특정 장소에 고정되어 있거나 고정된 지리적 공간에 어떠한 방식으로든 묶여 있는 물리적 자산에 디지털 데이터 세트를 적용할 수 있다는 전제가 필요하다. 측정이나 평가가 힘든 유형의 자산에 유연성을 부여하여 더욱 쉽게 취급할 수 있는 형태로 만들 수 있다면, 무궁무진한 가능성에 물꼬가 트일 것이다.

부동산의 토큰화와 자동화

부동산은 막대한 규모의 자산군으로, 시장 규모만 228조 파운드를 상회한다.[35] 그런데 최근까지 부동산 거래는 거액의 거래, 정확한 표준이 없는 거래로 인식됐다(부동산 10파운드를 매입했다는 사람 얘기는 못 들어봤을 것이다). 그러나 블록체인과 토큰화를 이용하면, 부동산을 미세하게 분할하여 거래하고, 투자 및 자산 이전과 경제 분석의 목적으로 거래 이력을 개방할 수 있다. 그렇게 되면 일반 소비자도 자신이 단골로 찾는 커피숍을 부분 매입할 수 있다. 소액 부동산 투자자들은 상대적으로 다양한 포트폴리오를 소유하거나 부동산에 대한 새로운 통찰을 토대로 '똘똘이 한 채'를 보유할 수도 있게 된다. 위험 요소를 더욱 안정적으로 관리하고 효과적으로 통제할 수 있는 새로운 종류의 파생상품이 출시될 수도 있다.

블록체인 시대에는 부동산 매매를 매우 간단하게 처리할 수 있고, 소요 비용을 감축할 수 있다. 예를 들어, 오늘날 부동산 거래에는 '소유권 증명(chain-of-title, 특정 부동산의 소유권에 영향을 미칠 수 있는 일련의 거래 및 서류 기록-옮긴이)'에 '권원보험(title insurance, 부동산 취득 시 등기부와 실제 물권 관계가 일치하지 않으면 또는 이중매매나 공문서위조 등으로 피해가 발생했을 경우 이를 보전해주는 보험-옮긴이)'과 명확한 거래조항이 필요하다. 가장 간단한 가정집 매매에도 상당한 비용과 기다림은 어쩔 수 없는 현실인데, 하물며 복합상가나 복합 용도시설 사업은 얼마나 더 심하겠는가. 힌 겅 평가와 재무기록 조사를 비롯해 부동산 거래에 대한 각종 데이터가 필요하다. 이때 체계적으로 구성된 블록체인 시스템이 있다면, 일반적인 부동산 거래의 복잡성과 느린 진행 속도를 대폭 완화할 수 있을 것이다.

블록체인은 상업용 부동산 거래의 자동화에 이바지할 수 있다. 우선 부동산을 보러 다니는 것 자체가 고되고 데이터 활용도가 낮은 과정이다. 이때 분산원장을 이용하면, 여기저기 흩어진 -때로는 상충하는- 각종 데이터 세트를 체계적으로 조화시킬 수 있다. 부동산 거래를 하기 전에 실사를 하는 등 시간과 노력도 투입되고, 각기 다른 여러 데이터를 통제된 방식으로 취합·합성·분산해야 한다. 예를 들어 건물에 독성물질이 저장되어 있는지 혹은 벽에 석면이 들어 있는지를 세부적으로 기록하는 환경보고서를 생각해 보자. 과거에는 건물에 이러한 문제가 생기면 나름의 해결책을 마련했지만, 블록체인 시대에서는 어떠한 해결책이 누구에 의해 언제 마련되었는지, 건물이 현재 안전하다는 사실을 어디에서 인증했는지가 파악되어야 한다. 각종 문서를 끝도 없이 고려해야 하는데, 블록체인이 이런 복잡성을 해결해줄 수 있다. 블록체인 시스템은 접근권을 통제하고 분배하고 정보의 품질을 인증하는 과정을 체계화하고 데이터를 관리하는 데 도움을 줄 수 있다. 상업용 부동산 분야에서 유연한 지능형 부동산 임대차 계약을 작성할 때에도 블록체인을 적용할 수 있다. 세입자와 집주인의 상호 니즈를 쉽게 충족할 만한 스마트 계약을 분산원장에 첨부할 수 있다.[36]

보험도 여러 새로운 방식으로 부동산 시장에 적용될 수 있다. 예를 들어, 911테러 공격 당시, 세계무역센터 건물은 보험에 가입되지 않았던 것으로 추정된다. 그 결과 건물을 보험에 가입해 두었던 건물주 래리 실버슈타인Larry Silverstein이 수십억 달러의 보험금을 받게 되는 것에 대해 논란도 있었다. 결국 보험금 30억 파운드 이상을 수령했지만, 그가 전에 가입한 보험약관의 모호한 조항들로 인해 10년이 넘도록 다수 당사자와의 소송에 연루되었다.[37] 만약 보험청약과 보험금 지급 판정에 AI 기반의 스마트 계약이 있었다면 막대한 시간, 비용, 고통을 줄여주었을 것이다.

환경에 관한 블록체인의 아이러니

가늠하기 어려울 정도로 광범위한 데이터도 있다. 언론에서 다루는 환경에 관한 내용은 주로 범지구적 차원의 공기, 물, 토양에 관한 사안이다. 환경 문제에 관한 세부 데이터는 현존하는 가장 강력한 컴퓨터들의 전체 용량마저 초과할 수 있을 것이다. 그러나 '불가능'을 '가능하지만 힘든' 작업으로 전환할 수 있는 타당한 대안은 있다. 예를 들어 현재 제공되는 일기예보는 다양한 센서를 통해 수집된 일련의 측정점[끊임없는 연속적 데이터 스트림(data stream, 한 번의 읽기 연산 또는 쓰기 연산을 통하여 한 장치에서 다른 장치로 전송되는 모든 정보-옮긴이)]을 컴퓨터 모형에 입력하여 지능적으로 기후를 추측하도록 하여 나온 결괏값이다. 마찬가지로 단계별로 환경시스템 관리 시스템에 분산원장을 도입할 수 있을 것이다.

사실상 날씨는 블록체인이 적용될 수 있는 흥미로운 분야다. 현재 많은 국가에서 일기예보에 이용된 중요한 기후 데이터를 수집하는 데 자금을 지원하고 있다. 또한 민간 분야의 참여 주체들도 기후데이터를 생성한다. 위상관측을 이용하기도 한다. 민간 기후 기업들은 다양한 데이터 출처를 누적하고, 제3자에 판매할 전망치를 생성한다. 유엔 산하의 '세계기상기구World Meteorological Organization, WMO'에서는 여러 국가가 제공하는 기후데이터가 원활히 공유되도록 관련 기능을 관장한다. 그러나 공적 자금이 투입되는 '무상의' 기후데이터가 유료정보를 제공하는 민간 기업들의 기후데이터와 섞이게 되면 어떨까? 유료 데이터 제공업체가 받아야 할 금액이 정확히 계산되지 않는 경우가 많을 것이다. 데이터의 출처를 밝히는 일도 쉽지 않을 것이다. 미시적인 기후데이터를 제공하는 여러 주체가 참여하여 복잡한 기후 모형이 탄생하는데, 이들을 어떻게 보상할 것인지에 대한 문제도 난해하다. 블록체인에 기후데이터를 결합한 스마트 계약을 토큰화된 시스템에 삽입하면 일기예보에 기여한 다양한 주체들을 적절히 보상할 수 있을 것이다.

'탄소배출권carbon credits' 분야에도 환경을 보호하고 관리하는 차원에서 블록체인을 이용할 수 있다. 탄소배출권은 환경피해를 완화하기 위해 시장의 힘을 이용한다는 개념이다. 간단히 말해, 탄소배출권은 중량 단위 1메트릭톤, 즉 1,000킬로그램의 이산화탄소 환산치를 특정 기간 배출하는 내용을 골자로 하는 문서에 따른다.[38] 탄소 배출량을 제한하고, 감축량에 맞게 가치를 부여하여, 전반적인 오염도를 낮춘다는 취지다. 일부 비난에도 불구하고[39], 탄소상쇄(carbon offsetting, 추가적인 노력으로 달성한 탄소배출 감축량 혹은 감축하는 행위. 배출 총량 거래제의 대상이 아닌 탄소 저감 프로젝트나 활동으로부터 얻어진 탄소배출권-옮긴이) 제도는 많은 분야에서 또 하나의 통화 수단으로 자리 잡았다. 이 제도는 반복적으로 생성되는 데이터, 문서, 다자거래, 그리고 중개 기관들에 대한 의존도가 높다. 탄소배출권이나 탄소상쇄 제도를 구성하는 데이터는 '추적 가능성traceability'과 '상호교환성exchangeability'이 필수적이다. 블록체인에 안성맞춤인 속성들인 셈이다. 실제로 분산원장기술을 탄소배출권 시장에 도입하기 위한 다양한 초기 실험이 활발히 전개되었다.

이 외에 환경 분야의 다른 영역에도 블록체인을 적용할 수 있다. 예를 들어 많은 기업이 뻔뻔하게 '그린워싱(greenwashing, 기업이 실제로는 환경에 악영향을 끼치는 제품을 생산하면서도 광고 등을 통해 친환경적 이미지를 내세우는 행위로, 환경에 대한 대중의 관심이 늘고, 친환경 제품에 대한 선호가 높아지면서 생겨난 현상-옮긴이)'을 실시한 혐의를 받아 왔다. 이들은 친환경 활동에 참여하고 있거나 경쟁사 대비 '친환경적 경쟁우위'를 지닌다고 주장하지만, 명백하고 투명한 증거를 제공하지 못하고 있다. 블록체인으로 가능해질 디지털 신뢰 시스

템을 도입한다면 기업들이 내세우는 친환경 활동에 대한 투명성과 공신력을 개선할 수 있을 것이다.[40]

반면, 블록체인은 환경적 영향에 관한 일부 분야에서 우려를 낳기도 했다.[41] 블록체인이 고도의 보안성, 투명성, 분산성을 위해 설계되었지만, 그 기술의 특성상 수십만 개의 노드가 서로 끊임없이 소통해야 하고 컴퓨터 사이클을 생성해야 블록(혹은 코다Corda와 같은 분산연장기술에는 '등가 블록block equivalent')을 연산할 수 있는 방식이다. 이처럼 블록체인은 상당한 양의 에너지가 소요되는 기술이기도 하다. 블록체인 네트워크가 막대한 양의 에너지를 사용한다는 면에서 지속 가능성 분야에 블록체인을 적용한다는 개념에는 어느 정도 어폐가 있다. 알고리즘의 효율화에서부터 블록체인에 대한 전력공급을 위해 재생에너지 사용을 늘리는 등 다양한 해결책을 모색하는 상황이다.

천연자원의 민주적 활용

전 세계 천연자원 시장 규모는 연간 대략 102조 파운드에 달한다.[42] 천연자원을 추적하고 상용화하며 보존하는 데는 여러 지역의 다양한 노력이 투입되어야 한다. 천연자원은 본연적 특성상 역사적으로 부유한 거물 주체들에만 제한적 접근이 가능해 왔다. 예를 들어 일반적인 목재 거래를 위해서는 드넓은 대지와 (100년 정도의) 장기적 토지 임대가 필요하고, 투자 수익이 나기까지 수십 년이 걸리기도 한다. 대개는 패밀리 오피스(family office, 부호들이 집안의 자산을 운용하기 위해 세운 개인 운용사로 운용 규모가 최소 1,000억 원 이상이고 자산운용사·자선재단·헤지 펀드 등 다양한 형태를 띤다 옮긴이), 보험 펀드, 국부 펀드, 왕족투자자들의 영역이었다. 그러나 블록체인이 이 모든 관행을 바꿀 수 있다. 이동성과 투명성이 매우 낮았던 자산군에 새로운 차원의 유동성을 도입할 수 있기 때문이다.

전 세계 주요 강국들에서 재정 및 정치 안정성이 자리 잡으면서 천연자원에 민주화, 즉 민주적 활용의 개념을 적용하는 노력에 속도가 붙고 있다. 때로 비트코인의 출생 배경부터 탐탁지 않게 여기는 규제 당국과 정책 입안가들의 거부감을 줄이기 위해, 비트코인 열성 옹호론자들은 비트코인을 금에 빗대며 가상의 희귀금속이나 원자재처럼 공급량이 제한된 가치 있는 대상이라는 사실을 주장해 왔다. 귀금속을 디지털 토큰에 결합하기 위해 우회로로 갈 필요가 없다. 사람들이 희귀금속을 이미 디지털 토큰에 연동하고 있기 때문이다.

여러 국가에서 금리가 마이너스로 치닫고 있는 가운데, 금이 새롭게 조명되고 있다. 그러나 과거에 그랬던 것처럼 금은 보안성, 휴대성, 변동성, 이동성의 차원에서 한계를 지니고 있고, 특정 정부가 몰수 혹은 규제 대상으로 삼을 위험도 있다.[43] 이에 자산으로서 금의 획득·수송·보관·거래·관리에 관여하는 수많은 중개 기관과 유통 주체들이 복잡한 형태로 등장하게 되었다. 그래서 적용되기 시작한 것이 블록체인이었다. 블록체인은 금의 개념을 포함하는 토큰의 기능에 추적 가능성과 거래 차원에서 여러 장점이 있기 때문이다. 금의 가치가 마이너스가 될 일은 결코 없을 것이다. 최악의 경우 최저 하한선 '제로'가 될 수는 있겠지만, 그 밑으로 될 일은 없다. 마찬가지로 금에 연동하여 적절히 설계한 디지털 토큰도 금처럼 안정성을 지닐 수 있을 것이다.

벤Ven 혹은 트레이드코인Tradecoin처럼 헤지 안정성을 위해 원자재 가격을 반영한 디지털 화폐를 개발하는 경우, 화폐의 주요 요소로 금을 선택하는 경우가 많다. 이 외에도 금의 가치에 철저히 연동된 '금 토큰gold token'도 많이 있다. 개별 골드바 혹은 골드 코인에 연동하는 '퓨어 플레이(pure play, 한 종류의 사업에만 노력과 자원을 집중하는 투자의 방식-옮긴이)'를 하는 경우도 있다. 블록체인을 통해 가능해진 어느 정도의 추적성을 토대로 기초 자산에 대한 미세한 수준의 세부정보를 생성할 수 있다.

❖ 블록체인이 적용될 수 있는 부동산 관련 활동의 고유 특징

❖ 블록체인을 이용하여 부동산에 적용할 수 있는 새로운 투자 및 유동
성 모형

❖ 탄소배출권이나 지속 가능한 농업 같은 환경 분야에 블록체인이 기
여할 수 있는 영역

❖ 천연자원의 민주화 혹은 민주적 활용을 가능하게 하는 블록체인의
능력

CHAPTER
8

조직과 거버넌스:
기업 경영과 블록체인의 역할

- 기술 혁명은 산업의 급변화를 일으켰고, 그 결과 거버넌스(경영 및 의사결정의 방식)는 뒷전으로 밀려났다.

- 블록체인은 여러 조직에 걸쳐 효과적으로 협업을 하도록 유도하여 조직과 거버넌스의 문제를 해결할 수 있다.

- 이전에 없던 새로운 종류의 분산형 조직을 가능하게 할 수 있다.

고도분산형 의사결정 관점에서 조직을 재구상하는 과정에도 블록체인이 적용될 수 있다. 각종 오픈소스 컴퓨팅 및 고도분산형 커뮤니티 프로젝트가 실시되었고, 결과적으로 블록체인의 잠재성을 확대하는 확실한 기초로 작용했다. 사실과 숫자를 조직화할 뿐 아니라, 인간의 시스템을 새롭고 유연하며 창의적이고 빠르게 변화시키는 데 기여할 수 있다. 변화하는 환경과 시장에 빠르게 적응해야 하는 조직의 니즈가 증가함에 따라, 새롭고 색다른 접근법을 통해 각 주체가 조직적으로 움직일 수 있는 추진력이 생겨난다.

블록체인과 오픈소스

소수의 대기업이 컴퓨터 소프트웨어를 쥐락펴락하는 현실에 대한 피로도가 누적되어 등장한 것이 바로 '오픈소스 컴퓨팅'이다. 컴퓨터 기술이 모양새를 잡는 데 해커 1세대들의 기여가 컸다. 그들은 1960~1970년대 미국의 여유로운 '히피' 혹은 비주류 문화가 뼛속까지 깃든 부류였다. 그중에서도 컴퓨터 과학자 리처드 스톨먼Richard Stallman[44]은 흔하게 일어나는 프린터 고장 문제에 간단한 해결책을 떠올렸다. 프린터를 쓰다가 종이가 껴서 고장 난 것을 발견했을 때, 인쇄기에 종이가 꼈다는 메시지를 사용자 그룹에 전달해 누군가가 문제를 해결하면 좋겠다고 생각한 것이다. 그런데 새로 산 레이저 프린터의 소프트웨어는 '폐쇄형'이었고, 프린터 회사의 전용 코드가 삽입되어 변경할 수 없도록 설계되었다. 이처럼 정보 유출에 자물쇠를 채운 기업의 관행에 진절머리가 난 그는 개방형 운영체제를 개발하며, '자유 소프트웨어 운동'의 태동을 암시했다.[45]

90년대에 스톨먼의 바통을 이어받은 이는 에릭 레이몬드Eric Raymond였다. 『성당과 시장』이라는 제목의 에세이에서 그는 오픈소스 소프트웨어 운동을 처음으로 소개했고, 오픈소스 운영체제인 리눅스를 개발 출시하면서 세를 확장해 나갔다.[46] 오픈소스가 있으면, 소프트웨어의 소스 코드(명령어 텍스트)를 누구나 무료로 배포publish할 수 있다. 그러나 누군가가 코드를 개선한다면, 개선 사항을 다시 코드에 적용해서 다른 이용자들도 함께 개선된 코드를 누릴 수 있어야 한다는 약속이 내재되어 있다. 마이크로소프트 같은 기업이 보유한 전용 소프트웨어 라이선스 모형을 반격하고 나선 레드햇Red Hat 같은 오픈소스 기업들은 오픈소스 소프트웨어 지원을 유료로 하는 비즈니스 모델을 갖고 있다.

그 결과 깃허브Github 같은 공유 저장소repository의 호스팅(hosting, 서버 기능의 대행-옮긴이) 서비스를 이용하는 일부 대형 프로젝트에는 전 세계 수천 명의 소프트웨어 개발자가 참여하여 코드를 추가하고, 다수를 위해 코드 품질을 개선하고 있다. 'MIT 라이선스MIT License'는 현존하는 가장 인기 있는 오픈소스 소프트웨어 라이선스 중 하나다. MIT 라이선스는 소프트웨어 프로젝트에 적용되는 지식재산권을 관리하는 방법에 대해 공통 합의된 법적 틀이다.

오픈소스 코드 라이브러리에서 모든 의견을 다 수용하는 것은 아니다. 프로젝트 크리에이터가 수용 여부를 결정하게 되는데, 이때 '오픈소스 가이드Open Source Guide [47]'에 따라 다음과 같은 세 가지 모델로 나뉜다.

- **선량한 독재자**(Benevolent Dictator for Life, BDFL) 프로젝트를 처음으로 제안한 사람들을 지칭한다. 주요 결정권을 갖게 된다.
- **능력주의**(Meritocracy) 프로젝트에 의미 있는 기여를 한 사람들을 지칭한다. 주요 결정권을 갖고 있고, 변화를 이행하기 위해 투표를 할 수 있다.
- **자율적 기여**(Liberal Contribution) (일반적 의미의 투표라기보다는) 변화 도입 여부를 결정히는 합의를 모으는 프로세스 과정에서 현재 가장 저극적으로 기여하는 사람들을 지칭한다.

오픈소스 프로젝트를 관리하는 세 가지 모델은 오픈소스를 표방하는 블록체인 프로젝트에도 고려 및 적용되는 편이다.

하드포크가 발생하는 이유

비트코인을 비롯하여 수많은 블록체인 프로젝트에서 '능력주의'와 '자율적 기여'의 다양한 버전이 이용됐다. 그런데 1장에서 언급했듯, 블록체인 거버넌스를 벗어난 상태에서 민주적인 의사결정을 내리면 예상치 못한 '하드 포크' 현상이 나타나기도 한다. 같은 맥락에서 '비트코인'과 '비트코인 캐시'를 비교해 보면, 전자가 후자보다 시장점유율이 훨씬 크다는 점을 알 수 있다.

블록체인을 활용한 조직관리

오픈소스와 블록체인의 교훈과 기본 공식을 조직관리에 적용해 보면 어떨까? 앞으로 다가올 조직의 형태, 즉 사람들의 의견에 민감하게 반응할 수 있는 조직의 밑그림을 그려볼 수 있을 것이다. 그렇다면, 이러한 조직에 필요한 요소는 무엇일까? 멱법칙(power law, 한 수(數)가 다른 수의 거듭제곱으로 표현되는 두 수의 함수적 관계를 의미한다. 더 큰 가치 비중을 지닌 소수가 다수를 압도(멱)한다는 의미일 뿐 아니라, 다수의 지지를 통한 부각, 확산, 창출 없이 소수의 가치는 지속되기 어렵다는 의미-옮긴이)의 커브에서 기술 수용이 가속화되어 왔다(시간이 지남에 따라 기술도입률이 상승하고 있다).

예를 들어, 전화가 도입되고 나서 미국 시장 전체의 80퍼센트에 유입되기까지 1세기가 걸렸다. 월드 와이드 웹(World Wide Web, 인터넷에 연결된 컴퓨터를 통해 사람들이 정보를 공유할 수 있는 전 세계적인 정보 공간-옮긴이)의 경우, 점유율 80퍼센트에 도달하기까지 20년 정도 걸렸다. 그러나 모바일 인터넷이 같은 수준의 점유율에 도달하는 데 2년밖에 걸리지 않았다. 비트코인의 상승세는 심지어 더 빠르다고 한다.

변화에 가속도가 붙자, 여러 단체와 기업은 조직화 방식에서 급변하는 기술환경에 새롭게 요구되는 의사결정 능력, 창의성, 유연성을 흡수하기가 버거워지고 있다. 대규모 조직이 새로운 사업 기회에 맞게 조직 개편을 준비하는 데 1년이 걸리고, 변화 실행에 1~2년, 새로운 구도에 맞는 사업 운영 방식을 흡수하는 데 1년, 즉 총 3~4년이 소요된다면 범용화에 12개월밖에 걸리지 않는 차세대 기술에 어떻게 대처할 수 있겠는가? 안착하는 데 3개월도 안 걸리는 기술도 있을 것이다. 완고하고 느린 대응이면, 이미 기술 도입은 물 건너간 얘기일 것이다.

1700년대로 거슬러 올라가 보자. 고대 로마에서 처음 고안한 '증기 기관' 기술은 다수의 사람이 사용할 수 있도록 고도화되었다. 결국 산업 혁명의 불씨가 되었고, 전 세계 수백만 명의 사람들도 경험할 수 있을 정도로 비용은 합리적이 되었고, 부의 축적에 도움이 될 만한 새로운 사업 모델도 생겨났다. 대량생산이 가능해진 이 시대에 맞도록 개발된 것이 조직적 시스템이다. 이 시스템은 명령 및 제어 구조를 낳았다. 가장 상단에는 한 명의 대장이 있고, 그 밑으로 고도화로 전문화된 역할을 분담하는 근로자들이 집단을 이루게 되었다.

테일러시스템(Taylorism, 과업 관리와 차별적 성과급 제도를 도입한 과학적 경영관리법으로, 미국의 테일러F. W. Taylor가 주장한 이론-옮긴이)이 업계를 장악했다.[48] 20세기 초반, 헨리 포드의 공장 생산 설비에서 수백만 대의 자동차가 완성되었다. 고도로 세분된 조직형 모델에서 '대량생산'의 표본이라고 할 수 있는 분업화를 통해 같은 차량을 반복 생산할 수 있게 된 것이다.

위기 속에서 등장한 새로운 질서

제2차 세계 대전은 조직 설계에 혁신을 불러일으켰다. 독일 최고 사령부는 고급장교위원회에서 부하들의 책임 업무 영역과 담당 역할 및 자율권의 범위를 세분화한 '총참모부' 모형으로 진화해 갔다. 그러나 이와 같은 조직 체계에서도 여전히 명령 및 제어 중심적인 태도가 나타난다. 장군들은 자율 재량으로 의사결정을 내렸지만, 보병들은 여전히 총알받이 신세였다. 전쟁범죄를 단죄한 최초 재판인 '뉘른베르크 재판'에서 "상급자가 내린 명령을 따를 수밖에 없었다."라는 공통된 변론이 있었다.

미국에서는 개척정신과 발명 붐이 한창이었다. 독일의 해군 제독 카를 되니츠Karl Dönitz는 "미국 해군이 전쟁에서 놀라운 기량을 펼치는 이유는 전쟁이 혼란의 연속인데, 미국인들은 그 혼란 상태에 대한 모의훈련을 하루도 거르지 않기 때문이다."라고 말했다.[49]

전쟁에서는 상대 군의 변칙적인 이행 작전을 놓치는 경우가 많은데, 그도 예외가 아니었을 것이다. 독일군에서는 미군이 속한 동맹군이 승리를 거두는 상황에서 미군은 단지 총알받이였을 것이라고 단정 지은 군인들도 있었다. 제1차 세계 대전에서 독일 에리히 루덴도르프Erich Ludendorff 장교의 전략이 실패해 기소된 사건을 언급했는데, 미국 군대는 독일군의 총알 난사 속도보다 더 빠르게 군인을 늘려 갈 수 있다는 이유에서였다.[50] 그러나 일부 군사사학자들은 미군만이 지닌 특별한 비결로 동맹군의 승리가 가능했다고 주장했다. 진보성, 분산형 단위의 전략, 자율성이 핵심이었다. 심리학자들도 미군에 투입되어, 창의력과 순발력을 지닌 특수작전부대를 선발하는 심사 요원으로 참여했다.[51]

그런데 제2차대전의 전쟁터에서 학습한 순발력이 기업의 조직경영에서는 죽을 쑤고 있다. 순발력 있는 문제해결 방식이 혁신적이고 높은 성과를 내기 위해 직원들에게 필요한 자질인데도, 즉흥성과 순발력의 기술이 기업 이사회에서 사라진 세월이 거의 40년이다. IBM, 제록스, 엑손과 같은 대기업들은 융통성 없는 고정된 조직도를 토대로 '명령 및 제어 구조' 방식을 답습해 왔다. 조직에 무조건 충성하는 '예스맨'을 양산하는 상명 하달식 구조에서는 개인 단위가 아닌 조직 단위의 사고를 강요한다.

그러던 중 70년대부터 90년대에 걸쳐 마이크로컴퓨터, 업그레이드된 통신망, 아웃소싱, 비즈니스 프로세스 엔지니어링(business process engineering, 업무 재설계, 기업의 활동이나 업무의 전반적인 흐름을 분석하고, 경영 목표에 맞도록 조직과 사업을 최적으로 다시 설계하여 구성하는 경영혁신 기법-옮긴이), 탈-대기업화, 수년에서 수개월, 수주, 며칠, 몇 시간으로의 사업 가속화 속도 단축 등 많은 변화가 일어났고, 그 결과 새로운 조직 모형이 등장하게 되었다.

매트릭스 방식의 장단점

매트릭스 경영은 조직에 유연함을 불어넣었지만 동시에 혼란도 낳았다. 매트릭스 경영에서는 특정 프로젝트를 새롭게 추진해야 하면 기존의 조직 체계를 잠정적으로 간과한다. 전 사적으로 새로운 TF팀에 필요한 인원을 추려내어 새로운 TF팀 총괄 -단, TF팀 구성원의 성과 평가를 하는 임원급이 아닌, 해당 프로젝트를 주도적으로 이끌 수 있는 실무를 담당할 역량이 있는 직원- 의 지시 방향에 따라 업무를 배정한다. 이 방식은 TF팀에 새로운 사업 미션이 부여되었을 때 더욱 효과적이고 신속하게 적응할 수 있도록 하고, 주어진 미션에 필요한 기술과 인재풀을 전 사적으로 끌어올 수 있다는 장점이 있다. TF팀은 몇 개월 혹은 몇 년 동안 유지되기도 하지만, 몇 주 안에 사라지는 초단기 형태도 있다.

한편, 정보 시스템 관점에서는 인간이 만들어 놓은 체계와 인간

행동의 독선에 맞춰 나가는 것이 매우 어려울 것이다. 회사의 중앙 정보기술팀에서 매트릭스 방식에 따라 TF 팀원들이 업무를 할 수 있도록 데이터 권한과 허가를 부여한 상태에서, 해당 직원들이 원래의 팀으로 복귀했다고 생각해 보자. 이때 발생하는 정보 마찰로 인해 불미스러운 사이버보안 문제가 야기된 경우도 많았다. 단기 프로젝트에 접근 권한을 부여하는 절차를 거치느니, 비밀번호와 로그인 정보를 공유하는 것이 훨씬 더 편리하다고 판단한 사례도 많았다.

결과적으로 사이버 프로토콜에 알게 모르게 구멍이 나기도 했다. 국가안보국National Security Agency의 데이터 시스템을 에드워드 스노든Edward Snowden이 침해한 사건이 있었다. 당시 그는 20여 명이 넘는 동료들에게 자신이 컴퓨터 관리자로서 그들의 보안 정보가 필요하다고 설명하였다. '협업'을 가장하여 동료들의 보안 자격 증명 정보를 받아낼 수 있었고, 이 정보로 시스템을 샅샅이 뒤질 수 있었다.[52] 누가 감시자들을 감시하는가Quis custodiet ipsos custodes?

스타트업들은 급변하는 외부환경에서 적절히 대응할 수 있어야 한다. 개별 직원들에게 높은 수준으로 자율성 및 의사결정권을 보장하는 느슨한 경영 모델을 택한 벤처 회사도 많다. 급성장하는 스타트업에 기존의 데이터 모델을 적용하는 것은 화를 자초할 뿐이다.

밀레니얼 세대에게 각광 받는 홀라크라시

'홀라크라시Holacracy'는 미국 이커머스 기업 '자포스Zappos'에 의해 대중화된 경영 방식이다. 아마존에 매각된 자포스는 토니 셰이 Tony Hsieh 대표의 리더십하에서 조직의 독립성 수준이 -이 책을 쓰고 있는 현시점 기준에서- 높은 편이었다. 그런데 매트릭스 경영보다 한 단계 뛰어넘는 경영 모델을 시범 도입했다. 셰이 대표는 관료주의와 위계질서에서 벗어나지 못한 채 경직되고 복잡한 조직 문화를 최대한 지양했다. 그는 '홀라크라시'라는 조직 체계를 제안했다. 자체 조직된 팀과 부서의 체계를 통해 문제를 해결하는 조직 방식이다.[53]

개인의 역량이 강화된 조직 문화에서는 일과 결과에 대한 주인의식과 책임의식이 강화된다. 자기 일에서 인정받고 의미 찾는 것을 중요시하는 밀레니얼 세대에게 특히 홀라크라시는 매력적인 개념이다. 회사라는 거대한 기계의 소모품 신세로 전락하지 않도록 개별 직원의 주도적 역량을 끌어 올려줄 수 있기 때문이다.

직원 모두가 공동의 목표를 향해 나아가는 완전한 민주 조직이라고 해도 외부 경쟁 구도 속에서는 시련을 피할 수 없다. 특히 경영상의 위기나 압박 속에서 그 여파는 더욱 클 것이다. 한편, 대기업들은 분권화된 관리 조직을 추구하고, 개별 부서와 직원들에게 더 많은 자율권을 부여하여 의사결정을 내리도록 하며, 지능형 컴퓨터 시스템을 이용하여 여러 기업활동과 업무를 일원화하는 등 급변하는 환경에서 살아남기 위해 변화를 거듭하고 있다.

자포스의 홀라크라시 체계에서는 각 팀이 사내 직무 게시판에 실행해야 할 업무를 게재하고, 개별 직원은 자신의 업무 역량과 기술에 관한 내용을 게재한다. 이를 통해 역동적으로 노동을 배분하고, 직원들의 역량 강화에 필요한 교육과 연수를 강조할 수 있다. 나는 몇 년 전에 자포스를 방문하여 토니 셰이 대표를 만났다. 목적의식과 열정이 가득한 직원들, 그리고 주어진 조직의 틀을 초월해 멀리 내다볼 수 있는 리더로 구성된 조직이라는 점이 인상적이었다.

홀라크라시는 오픈소스에서 영감을 얻어 탄생한 블록체인에 잘 어울리는 개념이다. 블록체인도 홀라크라시의 잠재력을 끌어올리는 데 도움이 될 수 있을 것이다. 정보 시스템과 데이터 거버넌스 구조도 분산형 환경에서 스마트 계약, 디앱, AI와 분산형 원장의 결합을 통해 각 기관의 역동적으로 변하는 니즈와 조직 구조에 적합하게 활용될 수 있을 것이다.

적절히 구성된 AI 에이전트(agent, 사용자의 개입 없이 주기적으로 정보를 모으거나 일부 다른 서비스를 수행하는 프로그램-옮긴이)는 블록체인 전반에 걸쳐 재구성이 가능한 조직을 조정하여, 예를 들어 '오늘

인간의 개입이 필요한 부분'을 자동으로 걸러낼 수 있다. 회사 내에서 다른 팀으로 이동을 하거나 TF팀에 단기적으로 발령이 나면, 어떤 데이터에 어떻게 접근할 수 있는지 허가 정보를 IT팀에서 변경해 주어야 한다. 이 작업이 때로는 프로젝트 전체 기간보다 오래 걸리기도 한다. 적합한 종류의 AI 엔진을 이용한다면, 이 작업을 자동화할 수 있다. 데이터 권한을 부여할 경우, 데이터 보안과 유용성을 동시에 강화하여 실시간으로 작업의 재구성 현황을 파악할 수 있다. 여러 지역에서 팀들이 분산형으로 광범위하게 퍼져 일하는 시대에 초연결 통신망이 민첩하고 순조로운 업무 처리를 가능하게 할 것이다.

미래 조직에서 블록체인의 역할은 크거나 작을 수 있다. 그러나 분명한 점은 블록체인에 조직의 효율화를 위한 가능성이 녹아 있다는 사실이다. 분산형 의사결정을 도입했을 때 발생할 문제점 중 하나는 여러 활동을 조율하기 어렵다는 점이다. 복잡한 시스템에서는 특히 정체와 혼란이 나타날 수 있다. 조직의 나머지 주체가 무엇을 하는지, 그들의 업무가 전체와 어떻게 조응하는지 알기 어려워 때로는 업무가 상치할 것이다. 그럼에도 상대적으로 정보의 확산과 조율 속도가 빠르므로, 혼란을 어느 정도 완화하여 원하는 목표나 결과 -정해진 시간에 특정 거시적 전략에 맞게 완수하는 등- 에 부합하게 할 수 있을 것이다.

결론적으로 블록체인의 잠재력을 조직에 적용할 뿐 아니라, 여러 기관이 가진 우려와 고민을 해결하는 데 이용하고, 비영리·개인·영리 주체들로 확대하면 진입 효과와 영향력도 커질 전망이다. 블록체인이 영리 목적으로 모인 다수가 관여하는 거래 체계에도 관여할 수 있지만, 다양한 사회 제도 속에서도 -특히 제도적 관점이 상충할 경우- 빛을 발휘할 여지가 많다. 이 책의 세 번째 파트에서는 복수의 이해관계자가 관여하는 체계 혹은 제도 속에서 블록체인이 어떠한 사회적 영향을 미칠 수 있는지 알아볼 것이다.

❖ 블록체인 프로젝트와 프로토콜에 적용되는 오픈소스 프로젝트의
거버넌스 모델

❖ 명령 및 제어(command-and-control)와 매트릭스 경영(matrix management,
유사한 능력을 갖춘 사람에 대한 풀링 작업을 할당하는 조직관리의 유형-옮긴
이)과 같은 오래 이어져 온 개념과 오늘날의 조직 모형의 유사성

❖ 블록체인과 AI가 홀라크라시(holacracy)와 같은 분산경영모형을 가능
하게 하는 방식

Blockchain

PART 3

암호화폐와
사회 그리고 미래

CHAPTER 9

교육:
암호화폐 혁명을 이끌고,
기회를 얻다

- 교육 기관들은 블록체인 혁명의 본격화에 일조했고 지속해서 힘을 싣고 있다.

- 블록체인을 통해 학력 증빙의 문제가 개선될 수 있다.

- 교육에 대한 새로운 접근은 블록체인의 철학과 기술에서 추구하는 방향과 환상의 조화를 이룬다.

교육 분야는 블록체인 혁신을 강화하고 확대하기 위한 요람인 동시에 블록체인에 관한 각종 탐구의 특수를 얻기도 했다.

비트코인의 명맥을 이어간 대학들

비트코인 재단Bitcoin Foundation이 와해된 후, MIT는 가상화폐 산업이 성숙기에 도입할 때까지 핵심 개발자들을 지원하고 비트코인이 명맥을 이어가도록 여러 사업에 자금을 지원했다. 비트코인 가격이 천정부지로 치솟아 새로운 세대의 비트코인 벼락부자들이 생겨나기 직전의 일이었다. 지원을 본격화하는 과정에서 MIT는 북미의 한 대학교에 가상화폐 관련 소프트웨어를 탑재하고 최초의 리플 검증자 노드(validator node, 블록체인에서 새로 생성된 블록의 무결성을 검증하는 노드-옮긴이)를 작동시켰다('리플 검증자 노드'는 리플 네트워크에서 전송되는 데이터의 무결성을 보장하는 기능을 갖고 있다).

한편, 이더리움을 기반으로 하는 다른 사업들도 하나둘 등장하기 시작했다. 나는 북미 최초로 MIT 대학원에서 'MIT 미래 사업MIT Future Commerce'이라는 핀테크 과목을 가르쳤다(멜템 더머러스가 MIT 대학원에 재학 중일 때, 내게 강의를 요청하는 러브콜을 보냈다). 그 과목은 온라인으로 130여 국가의 교육기관에 송출되었다. 당시 블록체인이라는 신기술을 탐구하고 활용하려는 스타트업들이 폭증하던 시기였다. MIT 학생들뿐 아니라, 스탠퍼드대학교, 프린스턴대학교, 케임브리지대학교, 싱가포르 국립대학교를 비롯한 여러 교육 기관에서도 폭발적인 반응을 보였다.

잘 알려지지 않은 사실이 하나 있다. 비트코인 열풍이 일기 전, 당국의 폐쇄조치가 내려질 수 있었는데, MIT의 악착같은 방어 노력으로 비트코인이 맥을 이어갈 수 있게 된 것이다. 2014년, 비트코인에 심취한 아마추어들과 마니아들이 시작한 변방의 프로젝트에서 기업들과 다양한 애플리케이션이 관여하는 주류의 영역으로 옮겨오면서 대전환을 맞이했다. 비트코인 외에도 여러 프로토콜이 본격적으로 개발되기도 했다. 비트코인 거래량이 증가하게 되자, 새롭게 등장한 디지털 화폐가 불법 거래에 이용될 수 있다는 정부의 우려도 증폭하게 되었다.

나는 MIT의 알렉스 펜틀런드Alex Pentland 교수와 존 클리핑거 (John Clippinger, 당시 하버드 대학교 버크만 센터Berkman Center 소속)와 함께 비공개 컨퍼런스를 조직했다. 현업에 있는 기업관계자, 비트코인 사업을 하는 혁신 스타트업, 정계 및 학계 관계자를 초청한 '디지털 자산의 생태계: 신원인증, 신뢰, 데이터Ecology of Digital Assets: Identity, Trust and Data'라는 제목의 회의였다. 얼마 후 존 클리핑거는 윈드호버에서 회의에 참석했던 일부 전문가들을 초청하여 간담회를 열었고, 이때 도출된 결과물이 '윈드호버 원칙Windhover Principles'**54**이다. 이 원칙은 자금세탁방지anti-money laundering, ALM와 고객 알기 제도Know Your Client, KYC 규정 준수를 입증하기 위해 거래와 비트코인 지갑Bitcoin wallet에서 이용하는 가이드라인이다.

만약 윈드호버 원칙이 없었다면, 비트코인은 정부 규제 당국의 폐쇄 명령 조치를 피해 가기 어려웠을 것이다. 법정 통화를 비트코인으로 환전하고, 비트코인을 법정 통화로 환전할 수 없다면, 비트코인 프로토콜의 활용도는 매우 제한적이었을 것이다. 업계의 지평을 도약시킨 혁신적 결과물로 승승장구하기는커녕 치기 어린 불장난 정도로 끝나버렸을 수도 있다. 윈드호버 원칙을 시작으로 주요 거래소의 거래조건 규정에 다양한 파생규정이 적용되기에 이르렀다. 정부도 신생의 비트코인 생태계에서 성심성의껏 법치주의에 따르려는 노력을 인정하게 되었다. 비트코인 혁신가들에게는 비공식적이지만 최대한 자율 재량껏 혁신 활동을 실시할 수 있는 환경이 조성되었다. 규제 당국의 강압적인 개입이 한 발짝 물러나게 된 결과였다. 스탠 스톨네이커Stan Stalnaker는 허브ID(HubID, 검증된 디지털 신원인증 시스템)를 개발하여 초기 신규 암호화폐 '비체인Ven'에 적용했다. 윈드호버 원칙이 시스템에 적용된 최초의 사례였다.

당시로부터 수십 년 전, 학계에서는 비잔틴 컨센서스를 비롯한 여러 분산형 데이터베이스 애플리케이션을 개발해 내었다. 네트워크 시스템, 게임 이론, 분산형 의사결정 방식, 암호화 기술에 대한 학계의 노력이 없었다면, 블록체인 혁명을 가능하게 만든 핵심 요소도 존재하지 않았을 것이다. 사토시 나카모토가 민간 비즈니스 분야에서 활동하는 사람이기보다는 학자라는 주장을 펼치는 사람들도 있을 정도다.

오늘날, 전 세계 학술기관들은 첨단 블록체인 기술을 지속해서 발전시켜 나가고 있다. 주요 프로토콜은 우수한 학술기관들과 공식 혹은 비공식적으로 연계되어 있다. 기업들도 오픈소스 코드 컨소시엄을 통해 블록체인 기술의 애플리케이션을 지원하고 있다. 자금을 지원하거나 실제 용례를 공유함으로써 블록체인 인프라 구축에 힘을 실어주고 있다. 학계에서 진행하는 여러 프로그램에서 새로운 벤처기업들이 첫발을 내디디고 있다. 스타트업과 기업의 혁신 프로젝트 형태를 띠기도 하지만, 공익을 위해 블록체인을 적용하려는 비영리 조직도 있다. 이 외에도 새로운 오픈소스 코드 프로젝트도 여기저기서 전개되고 있다. 분산원장기술을 활용하여 다양한 측면에서 기존 환경을 개선하고 확장하며 혁신적인 아이디어를 실험하는 중이다.

블록체인 기술을 활용한 학위 증빙

학계는 블록체인 혁명을 가능하게 한 각종 아이디어와 기술의 요람이다. 나아가 계속해서 특정 블록체인 애플리케이션들의 특수를 누리게 될 것이다. 역으로 학계에서 제조하는 핵심 상품에 블록체인을 적용할 수도 있을 것이다.

그렇다고 '블록체인 전공 박사학위'를 수여하는 대학이 많아질 것 같다는 의미는 아니다. 오히려 졸업생들에게 불리한 측면도 있기 때문이다. 'HTML 박사학위' 혹은 'UNIX 박사학위'를 소지한 사례는 못 들어보지 않았는가. 박사학위란 광범위한 이론과 역량을 수확하는 것을 전제로 수여되는 학위이다. 컴퓨터 공학 혹은 데이터 시스템 학문의 박사학위처럼 수십 년에 걸쳐 인간에게 유익을 제공해 온 분야에 걸맞다.

내가 개인적으로 흥미롭게 여기는 점은 대학교나 대학원의 학위나 졸업증과 성적표와 같은 증빙 문서에 블록체인을 적용하는 것이다. 특정 수준의 학업 사항을 요구하는 직장이 많고, 특정 과목을 이수했거나 학점이 특정 수준 이상인 지원자들을 모집하는 경우도 있기 때문이다. 이와 같은 요구조건을 입증하려면, 학생이 졸업한 학교에서 제공하는 졸업증명서와 이수한 과목이 표기된 성적증명서에 의존해야 한다.

자신이 졸업하지 않았거나 입학조차 하지 않은 학교를 이력서에 기재하여 학위를 위조했다는 소식을 종종 듣게 된다. 그렇다고 구인공고를 낸 수많은 회사에서 지원자의 학위와 학점을 일일이 검증하는 것은 시간, 비용, 노동 면에서 지나치게 소모적이다. 정보의 비대칭을 뜻하는 정보 마찰이 발생하게 되므로, 결국 개인의 양심에 의존하는 '명예제도(honor system, 학생 스스로가 자신의 명예를 지켜나가기 위해 만든 자율적인 규약–옮긴이)'가 이용될 뿐이다. 직원들 대부분은 양심적으로 학력을 기재하겠지만, 가끔은 남들이 고생해서 얻은 성과를 거저먹으려는 비양심적인 학력 및 성적 위조자들도 있다.

이때 블록체인은 성적증명서 위조를 손쉽게 탐지해낸다. 블록체인으로 학력 및 학점 증빙을 확인하는 기업들이 여럿 생겨났다. 이들은 학업성취에 대한 디지털 인증서비스를 제공한다. 옥스퍼드 온라인 프로그램에서도 이 중 하나의 시스템을 이용하고 있다. 이처럼 블록체인은 수료과목과 각 과목의 학점에 대한 불변의 기록을 제공한다. 교무처에 연락해서 발급 비용을 지급한 후, 서류가 배송되기까지 며칠에서 몇 주까지 기다릴 필요 없이 자동으로 데이터를 불러올 수 있다.

자격 및 학력 증명을 입증 및 검증하는 과정에서 여러 관계자의 개입이 있어야 하는데, 블록체인이 이 번거로움을 제거하는 해결책이 될 수 있을 것이다. 물론 대학을 비롯한 여러 기관에서 학력이나 자격 사항에 블록체인이 저장되도록 제공해야 할 것이다. 관련 기록이 생성되어 발급되기까지 학생, 교수나 강사, 공증기관,

고용주, 대출 기관, 정부 부처 등 많은 관계자의 개입이 필요하다. 이 모든 참여자가 관련 증명서 내용의 진실성에 의존해야 하므로, 암호화된 영구적 기록을 통해 '디지털상으로 입증 가능한 진실성'을 필요로 한다.

블록체인이 이끄는 미래의 대학 교육

블록체인은 다른 기술들과 결합하여 미래 대학 교육에서 제공하는 교육의 경험에 큰 변화를 가져올 것이다. 이 중에서도 교실에 앉아 강의를 수강하는 방식을 비롯한 다양한 교육 방식에 대전환을 가져올 것이다. 비교과 활동, 과외 활동도 정주 대학 교육(residential education, 기숙 공간을 교육공간으로 전환하여 정규 교과과정의 학습활동과 방과 후 비교과 학습활동을 통합적으로 운영하여 학생들의 잠재적 역량을 개발하는 교육의 혁신 수단-옮긴이)에서 중요한 역할을 차지하게 될 것이다.

교육 활동을 경험하면서 오래 뇌리에 남는 활동은 팀워크가 필요한 그룹 활동이다. 여럿이 머리를 맞대고 함께 문제를 해결하는 과정이야말로 교육 활동의 진수라고 할 수 있다. 대학교육은 교실 밖으로 눈을 돌리고 있다. 대표적 방식으로 '해커톤(hackathon, '해킹'과 '마라톤'의 합성어로, 다양한 분야의 전문가들이 모여 제한된 시간 동안 아이디어를 도출하고 결과물을 만들어내는 이벤트-옮긴이)'을 꼽을 수 있다.

단기간 여러 팀이 하나 이상의 주어진 문제를 해결하기 위해 모인 경쟁의 장인 셈이다. 해커톤은 여러 기술과 비즈니스 교육의 요람이기도 하다. 창의 예술 분야에서도 활용되는 추세다. 전 세계 여러 지역의 사람들이 참여하여 같은 시간에 같은 문제를 풀어가는 분산형 해커톤도 빈번하게 열리고 있다. 단 한 명의 참여자도 같은 공간에 있지 않을 정도로 여기저기에 흩어진 참여자들이 다양한 지역과 문화권의 특성을 반영한 다양한 관점을 제시할 수 있다는 장점이 있다.

교육 분야의 해커톤에서 활용되는 분산형 팀의 개념은 미래의 일하는 방식에 가까운 모습이다. 특정 프로젝트에 인원이 투입되어 새로운 해결책을 모색하는 방식이기 때문이다. 기존의 방식에서는 기업이 하나의 시장, 국가, 지역을 공략하여 유의미한 스케일업을 한 후에 다른 시장이나 지역으로 확대했지만, 새로운 세대의 스타트업들은 동시에 복수의 국가와 지역을 공략한다. 회사의 전체 생명주기에서 이 시기는 점차 앞당겨지는 추세다.

그렇다면, 이처럼 분산화된 주체들 사이를 오가는 정보의 흐름을 어떻게 관리할 것인가? 새로운 벤처 회사가 형성되는 단계에서 지식재산권, 지분 소유, 의사결정에 관한 미묘한 문제에 어떻게 대처할 것인가? 직원들이 각 지역에 분산되어 이러한 사안이 더 복잡해지는 경우는 어떠한가?

블록체인은 내가 언급한 모든 문제를 해결해 줄 수는 없겠지만 어느 정도는 해답을 제시해줄 수 있을 것이다. 특히 분산형 환경에서 주요 안건에 대해 신속하게 공동의 의사결정을 내리는 데 도움이 된다. 새로운 아이디어의 출처를 공고히 하고, 새로운 사업체를 형성하는 과정에서 중요한 여러 권한 부여 문제를 확실시할 때에도 도움이 된다. 대학에서 진행한 연구 성과를 상업화하기 위해 설립된 대학 스핀오프spin-off 기업들은[55] 특히 해커톤에서 도출된 아이디어에서 출발하는 경우가 많다. 이들 기업은 기업화 과정에서 자금을 모집하면서 독립성을 유지하는 노력을 본격화할 것이다. 이때 블록체인은 여러 주주를 창의적인 방식으로 관리하는 데 도움이 될 것이다. 8장에서 언급한 분산형 조직을 지향하며, 블록체인의 컨센서스 알고리즘을 통해 주주 거버넌스 체계를 효과적으로 관리할 수 있다. 경영진은 주요 의사결정을 이사회가 아닌 분산화된 투자자들에게 제시할 수 있고, 투자자들은 컴퓨터 기반의 네트워크를 통해 신속하게 실천 방안에 대한 결론에 도달할 수 있다.

블록체인을 통한 대학 간 상호협력

대학의 중심에는 창의력과 인재가 있다. 대학들이 창의력과 인재라는 큰 울타리에서 상호 협력하는 때도 많다. 공동연구과제 혹은 교환학생제도나 연구자 교류사업과 같은 형태로 인재들이 모여 번득이는 아이디어를 생각해낸다. 함께 머리를 맞대고 고뇌하면서 생겨나는 시너지는 새로운 영역, 사고, 역량의 자양분이 된다. 개별 연구자들이나 연구단들의 교류는 보편적으로 무리 없이 진행되는 편이지만, 기관들이 협업하는 경우처럼 규모가 커질 경우, 예상치 못한 마찰이 빚어지게 마련이다. 지식재산권의 주체를 누구로 할 것인지, 자금 관리를 어떻게 할 것인지에 대한 의견충돌로 합의에 도달하는 시점이 지연되고, 협상에 진전이 없으며, 종종 계약이 결렬되기도 한다.

한편, 지식재산권에 관해 합의점을 찾지 못한 여러 데이터 스트림은 블록체인 환경에서 순조롭게 관리할 수 있다. 미래에는 대학 간의 공동 활동이 블록체인이라는 연합의 틀 속에서 전개될 것이다. 이때 알고리즘과 분산형 원장을 통해 아이디어와 자금의 흐름이 자동화되는 형태를 띨 것이다.

학계에서 사회로의 확장

선진국에서는 어떠한 형태로든 고등교육이 보편화되어 있다. 개도국의 경우 디지털 플랫폼이 향상되고 모바일 통신망을 이용하여 정보의 분산이 새로운 형태를 띠면서 과거보다 더욱 많은 사람이 대학교와 대학원 진학에 도전하고 있다.

이때 상호 연결된 통신망과 연결 시스템이 블록체인 기반의 삼

사, 추적, 관리, 거버넌스와 연동될 수 있다. 수백만 개의 물방울이 모여 거대한 바다를 이루는 모습과도 같다. 작은 물방울들은 역사적으로 중요한 갈림길에 선 현시점에 모이고 있다. 민주주의 기관들이 사이버 공격을 받고 있고, 페이스북과 같은 디지털 기술이 사회의 단결을 주도하는 공동의 담론을 파편화하고 있으며, 정부에 대한 국민의 신뢰는 바닥으로 떨어져서 과거에 혁명을 부르짖는 민중의 심정과 다를 바 없을 정도이다. 빈부격차는 벌어질 대로 벌어져 고삐 풀린 자본주의의 양극화는 악화일로에 있다. 세계적인 재력가 5~6명의 재산이 전 세계 극빈층 50퍼센트가 지닌 재산의 총합에 맞먹을 정도이니 말이다. 이처럼 갈림길에 선 인류의 중요한 역사적 시점에 블록체인은 성숙기에 진입하고 있다.

❖ 학계에서 블록체인의 주요 요소가 개발된 배경

❖ 학력 증빙에 대한 블록체인의 적용

❖ 블록체인을 비롯한 여러 기술로 새로운 종류의 분산형 대학의 틀을
   마련하여, 더욱 빠른 속도로 창의적 아이디어가 실생활에 영향을 주
   도록 한다.

CHAPTER 10

정부:
암호화폐의 미래를
결정할 정부의 선택

- 최근 정부 기관에 대한 해킹 공격이 있었지만, 분산형 원장을 이용하면 위험을 줄일 수 있다.

- 정부 정책의 주요 수단에 해당하는 법정 통화는 '중앙은행 디지털 화폐(Central Bank Digital Currency, CBDC, 기존의 실물 화폐와 달리 가치가 전자적으로 저장되며 이용자 간 자금 이체 기능을 통해 지급이 이루어지는 화폐. 중앙은행이 발행하는 법정 통화로서 가상화폐와 달리 기존의 화폐와 동일한 교환 비율이 적용되어 가치변동의 위험이 없다-옮긴이)'로 블록체인 시스템을 통해 전자화된다.

- 전 세계 많은 국가가 법 집행, 과세와 같은 정부 기능에 대해 새롭게 조명하고 있는 가운데, 블록체인 기술이 화두가 되고 있다.

신기술의 폭발적인 성장과 국민의 각종 요구 사이에서, 정부는 변화의 갈림길에 서 있다. 역설적이지만, 기술의 파괴적 혁신과 국민의 정부에 대한 불만은 새로운 계몽시대를 낳을 것이다. 산업 혁명이 더 많은 사회의 문해율 증가와 번영에 물꼬를 틔운 것처럼 말이다. 유혈사태와 혁명의 시기가 있었고, 평생 육체노동에 허덕이던 수백만 명의 노동자들의 일자리가 사라졌다. 배움이 짧은 이들은 배를 곯았고, 지식인들은 신흥 중산층의 반열에 올랐다. 혹시 작금의 시대가 그때처럼 변혁의 시기는 아닐까? 전반적으로 기술, 특히 블록체인은 사회적 진화 -혹은 혁명- 의 충격을 흡수하는 데 어떠한 역할을 할 것인가?

  인류문명의 역사는 길어야 만 년이 겨우 넘을 뿐이다. 인류는 무리를 지어 사냥하고 부족을 형성했고, 나아가 도시국가를 형성하고, 발전을 거듭해 국가와 제국을 설립했다. 고대 그리스에서는 도시국가의 국정 운영에 필요한 온갖 결정사항에 대해 국민에게 투표권을 부여했다(단, 특정 규모의 대지를 소유한 특정 연령 이상의 남성에게만 투표권이 주어졌다). 미국 정부의 기틀을 마련한 조상들은 미국에 걸맞은 '대표민주주의(representative democracy, 직접 민주주의와는 대조적으로, 시민은 법을 만들고 제정하는 대표자들을 투표로 결정한다-옮긴이)'라는 대대적인 실험을 하고, 1789년 프랑스 공화국 설립에 영향을 주기도 했다. 이들은 정부 설립의 과정에서 아테네와 그리스·로마 민주주의에서 영감을 얻어 미국 민주주의의 근간을 마련하게 되었다.

정부는 어떠한 방식으로든 국민의 뜻을 대변하는 임무를 지닌다. 국민의 뜻을 충분히 반영하지 못하는 정권은 머잖아 상대적으로 국민을 헤아릴 줄 아는 정권에 자리를 내어주게 되어 있다. 미국과 영국에서는 자동화, 구조조정, 아웃소싱, 업무 재설계 등의 혁신을 통해 일자리 상실 현상이 나타났지만 적절한 대책을 마련하지 못했고, 결과적으로 유권자들의 불만은 최고조에 이르렀다. 그 결과 도널드 트럼프 대통령과 보리스 존슨 총리가 미국과 영국에서 최고 지도자로 선출되기에 이르렀다. 기존의 후보와 정치인들이 '약속'하지 못한 미래를 공약으로 내걸었기 때문이다.

블록체인이 민주주의에 미치는 영향

나는 정부를 묘사할 때 '문화 상대주의(cultural relativism, 절대적인 진리는 있을 수 없으며 어떤 입장도 나름대로 옳다고 주장하는 입장으로, 각 집단 문화의 형성과 생성 배경을 상대적으로 바라보는 태도-옮긴이)'에 대해 주의 깊은 태도를 보인다. 이 장에서는 주로 블록체인이 대표민주주의와 의회 민주주의에 가져올 혜택을 설명하지만, 다른 형태의 정부에서도 적용될 수 있다는 점은 확실히 하고자 한다.

우선 러시아를 예를 들어보자. 선동적인 민수주의 개념을 실험한 러시아는 결과에 만족하지 않는 듯하다. 결과적으로 소수의 집단이 경제를 지배하고 정부에 힘을 싣는 과두제 형태의 명목적 독재체제로 돌아섰다. 이러한 형태의 정부를 관리할 때 블록체인을 이용하여 부패를 줄이고 관리·감독 기능을 개선할 수 있을 것이다.

중국은 엄격한 의미의 공산주의 체제에서 벗어나 참정권에 서양 자본주의의 경제적 장점을 여럿 빌렸다. 단, 인민에게 서방과 동일한 방식으로 선거권을 부여하지는 않고 있다. 이러한 형태의 정부가 안정적 통치를 하기 위해 블록체인을 활용할 수 있을 것이다. 중국은 개인에게 '사회 신용점수social credit score'를 부여하고 있다. 사람들이 지역사회에서 이웃과 협력을 얼마나 잘하는지, 집권 정당의 명령에 얼마나 복종을 잘하는지에 대한 데이터를 점수로 매긴다. 이 점수는 취업과 여행 허가 여부 등을 좌우하기도 하는데, 이때 블록체인을 이용하여 점수에 대한 감사를 실시하거나 점수가 조작되지 않도록 보호할 수 있으므로 더욱 안정적으로 관리할 수 있게 된다.

물론 서양 민주주의 국가에서는 중국 정부의 인민에 대한 '사회공학(social engineering, 비기술적인 방법으로 정보를 획득하는 행위-옮긴이)' 정책에 치를 떨 것이다. 그러나 오히려 중국인들은 영국과 미국 정부의 행보를 구경거리인 양 바라보며 안정적인 사회가 주는 장점을 옹호할 수도 있다. 따라서 중국에서 새로운 디지털 화폐는 전 세계적으로 미국 달러화가 지배하는 준비통화(reserve currency, 금과 더불어 대외지급을 위해 각국이 보유하는 통화-옮긴이)의 헤게모니에 최초로 위협으로 승부수를 띄울 수 있을 것이다.

추락하는 서구식 민주주의

민주주의 국가와 공화국에 블록체인을 적용하면 어떨지 생각해 보자. 영국과 미국의 경우, 진정한 아테네 민주주의의 자취를 엿볼 수 있다. 식민지 시대 미국 북동부의 뉴잉글랜드에서 실시한 '타운 미팅'이나 영국의 '타운홀' 회의는 개별 유권자들을 토론장으로 불러 모은다. 시민들은 한자리에 모여 논의와 토론을 진행하고 선거권을 행사하기도 한다.

그런데 이 책을 쓰는 시점에서 봤을 때, 서양의 민주주의는 위태위태하다. 자유로운 정보의 흐름은 가짜 뉴스나 댓글 부대에 의해 물이 흐려져 사람들을 오도하기도 한다. 그럴싸한 음모론을 조장하고, 거짓을 진실인 양 포장하는 세력도 있다. 전자 투표 기계의 개표 결과 부정 의혹도 피해 가기가 힘들다.

하루아침에 이렇게 된 것은 아니다. 수십 년에 걸쳐 스멀거리며 강도가 세져 현재 정점에 도달했을 뿐이다. 유권자들에게 정확한 정보 전달의 소명을 지녀 '제4세급(The Fourth Estate, 신문·언론에 대한 별칭으로 제4 권력이라고도 한다-옮긴이)'으로 불리는 언론도 제대로 기능하지 못한다. 대중이 인스타그램과 블로그를 더 많이 애용하고, TV 뉴스에서도 흥미 위주의 소식에 열광해온 탓이다. 여론조사는 대중의 심리를 평가한다는 취지로 도입된 수단이었다. 그런데 1988년 미국 대선에 ARS 설문 조사가 본격 사용됨에 따라, 여론조사는 어느새 정치 선전에 이용되었고, 전 세계 수많은 대선에서 적극 활용 혹은 악용되기도 한다.

시간이 지나면서 유권자들을 교묘하게 속이는 고도화 기법들이 등장하게 되었다. 레이첼 보인턴Rachel Boynton의 다큐멘터리 영화 〈아워 브랜드 이즈 크리시스Our Brand is Crisis〉(이후에 산드라 블록 주연의 동명 장편영화로 다시 제작되었지만, 원작보다는 작품성이 떨어진다고 생각한다)에는 선거에서 포커스 그룹(focus group, 하나의 토의 주제나 쟁점을 두고 그 쟁점을 시험해 보기 위해 표본집단이 된 사람들의 모임으로 정치판에서 선거전략을 수립하는 기법으로 이용되었다-옮긴이)이 이용되는 과정을 보여준다. 최상의 방식으로 최대한 효과적으로 이용되는 포커스 그룹 기법은 현재 전 세계적으로 활용되고 있는데, 선거 공약을 다듬어 유포하고, '상대편 조사'에서 부정적인 내용을 찾아내는 데 이용되기도 한다. 최고의 선거 기술자들은 자기들이 미는 선거 후보에 유리한 방향으로 공약을 만들고 유권자들의 마음을 헤아리는 법을 이용하여, 후보의 표밭에 영감을 실어주고 상대편 유권자들의 마음을 교란하기도 한다.

제도권에 대한 국민의 신뢰는 진작부터 흔들거렸다. 누구나 사용할 수 있도록 만들어진 전자매체를 악용하는 불순세력들이 여럿이다. 국가 제도의 운영체계에 알고리즘과 애널리틱스를 적용하고 소셜 미디어의 영향이 가해졌는데, AI와 SNS를 이용하면서 이제는 '내가 동의하는 의견만을 듣는 환경'에서 음모론과 가짜 뉴스에 노출되어 있다. 그러나 이처럼 무질서를 일으킨 동일한 AI와 소셜 애널리틱스는 -블록체인 기반의 신뢰 시스템과 연동된다면- 우리 선조들이 정부를 수립했을 때 기대했던 자애로운 유토피아에 대한 이상향을 실현하는 디딤돌이 될 수 있을 것이다.

블록체인을 이용한 여론조사

전 세계 여러 국가에서 오래된 전자 투표 기계들을 사용하고 있다. 이런 기계들은 설치하는 순간 이미 최신에서 멀어진다. 지금까지 선거 보안을 개선해야 한다는 주장이 많았지만, 제대로 조명이 되지 않거나 의도적으로 간과되었다. 투표 결과에 대한 신뢰도가 떨어지면, 투표율도 감소하고 정부에 대한 신뢰도도 감소하게 된다. 여러 국가에서는 선거 결과의 무결성을 확보하고 선거 조작을 예방하기 위해 한동안 지워지지 않는 잉크를 손가락에 묻혀 투표 여부를 확인하여, 신분증을 도용해 재투표를 하는 등의 부정행위를 막고 있다.

블록체인은 AI와 새로운 세대의 생체인식 기술과 함께 확실히 보안과 신뢰가 강화된 선거를 치르는 데 도움이 될 수 있다. 투표자들은 각자의 표가 정확하게 집계되어 선거 결과에 영향을 준다는 점을 의심할 필요가 없을 것이다. 또한 후보들에 대한 유권자 각자의 견해가 알고리즘으로 보안이 강화된 데이터 시스템의 1과 0으로 표현될 수 있을 것이다.

정부, 특히 민주주의 국가와 공화국의 국정 운영에 신뢰와 투명성만큼 중요한 덕목도 없을 것이다. 예를 들어 유권자들은 투표할 때 자신의 표가 정확하게 사실 그대로 집계되길 바랄 것이다. 미국의 최근 대선에서는 투표용지의 디자인, 집계 및 검증 방식에 대한 우려가 나오기도 했다.

투표집계에 블록체인을 적용하는 실험이 본격화되었다. 유권자는 자신의 표가 정확하게 집계된다는 확신을 얻게 되므로 사람들이 이 시스템을 신뢰할 것이라는 전제로 시작된 시범사업이다. 그러나 신기술이 도입되면 새로운 의문점도 생겨난다. 예를 들어 매사추세츠주 보스턴에 있는 블록체인 투표기술기업 보아츠Voatz는 투표집계 시스템에 해킹 공격이 들어왔을 때 상당한 수준의 사이버 탄력성을 발휘했다는 평을 들었다. 그러나 보안 전문가들은 투표집계 전 단계에서 제시되는 정보에 우려를 제기했다. 만약 해커가 누군가의 핸드폰을 가져가 '중간자 공격(man in the middle attack,

트워크 통신을 조작하여 통신 내용을 도청하거나 조작하는 공격 기법-옮긴이)'을 가할 수 있다면 -해커가 핸드폰과 투표 결과가 기록되는 원장 사이에 있다면- 컴퓨터에 의해 투표조작이 일어날 수도 있기 때문이다.

다른 사람의 핸드폰에 후보자의 사진을 바꿔치기하여, 본인이 찍었다고 생각하는 후보가 아닌 다른 사람을 찍게 될 수도 있다. 이때 블록체인 원장은 입력된 데이터를 정확히 기록하되, 업스트림(upstream, 클라이언트나 컴퓨터 및 모바일기기 같은 로컬 기기에서 서버로 데이터를 전송하는 것-옮긴이)에서 데이터 손상이 일어날 수 있다.

따라서 데이터 품질의 문제가 다시 대두될 것이다. 사실 블록체인의 데이터 품질 이슈는 거의 다뤄지지 않는다. 그러나 블록체인 솔루션을 본격적으로 이용하고자 할 때 -특히 금융서비스, 보건, 정부의 주요 애플리케이션에 적용할 때- 가장 시급히 다뤄야 할 사안이다. 효과적인 블록체인 기반 투표 시스템이라면 보안과 데이터 품질에 초점이 맞춰져야 한다. 혹시라도 그렇지 않으면 블록체인에서 강화하고자 하는 신뢰를 저해할 수 있을 것이다.

중앙은행 디지털화폐 CBDC의 역할

화폐를 발행하고 관리하는 기능은 정부에 부여된 주요 특권 중

하나다. 정부의 채무 및 국채 관리 기능은 정부 사업에 자금을 대고 국민을 위한 자금 지출에 필수적이다. 그런데 현재 여러 정부가 중앙은행 디지털 화폐를 법정 통화의 디지털 버전으로 개발하는 실험을 하고 있다. CBDC는 비트코인과 이더리움에서 이용되는 개방형public 및 무허가형permissionless 블록체인과 다른 성격의 허가형permissioned 블록체인을 이용한다. CBDC 옹호론자들은 이러한 디지털 화폐로 국민에 대한 금융 포용성을 높이고, 사회에 한층 강화된 투명성을 도입하며, 부패를 줄이고 대중의 신뢰를 강화할 수 있다고 주장한다. 단, 전반적인 금융 시스템에서 은행의 역할을 완전히 고려하지 못하면, CBDC를 도입한다는 발상 자체에 근본적인 문제가 생겨날 것이다.

알렉스 립톤Alex Lipton 교수는 '화폐 순환이론theory of monetary circuit'**56**을 옹호한다. 그는 이 이론을 토대로 돈의 생성 원리를 설명한다. 그는 사람들이 생각하는 것처럼 돈의 생성 주체가 정부가 아니라고 주장한다. 물론 정부가 돈을 찍어내서 시중의 통화를 늘릴수 있는데, 이것은 인플레이션을 일으키는 행동일 뿐이다. 이와 별개로 새로운 화폐를 개발하여 기존 화폐와 동일한 경제가치를 지니도록 하여 사회 전반으로 확산할 수 있다고 얘기한다. 화폐 순환이론에서는 돈의 생성 주체가 시중은행이라고 주장한다. 쉽게 말해, '지급 이자'와 '이자 수익'의 차이를 고려한다는 것이다. 은행들은 매우 낮은 금리로 중앙은행에서 돈을 빌려, 은행의 각종 영업 활동에 사용한다. 시중은행의 예금을 통한 이자 수익은 (최근 마이너스 금리 현상을 차치하고) 중앙은행에 지급하는 이자율보다 높게 책정된다. 대출에 대해서는 예치된 자본으로 대출금을 지급하고, 예금을 통한 이자 수익보다 높은 대출 이자율을 책정한다. 이 두 금액의 차이 -예금에 지급하는 이자액과 대출 지급으로 발생하는 이자액의 차이- 로 은행 수익, 즉 돈이 새롭게 창출된다는 의미다. 따라서 경제적 가치는 은행에 의해 생겨나는 것이다.

그렇다면 시중은행이 없다면 어떻게 될까? 사람들은 CBDC에 돈을 저장하고, 동일한 블록체인 네트워크에서 돈을 빌리며, 스마트 계약을 통해 자동으로 대출이자를 지급할 수 있게 된다. 이 과정을 통해 '돈이 새롭게 생성된다'고 할 수 있다. 이때 CBDC에서 시중은행의 역할은 무엇일까? CBDC를 이용한 블록체인 기반 시스템은 오늘날 통화량을 늘리는 금융 시스템을 지원할 수도, 혹은 대체할 수도 있을 것이다. 시중은행의 주요 기능이 CBDC의 기능과 중복될 수밖에 없고, 어떠한 방식으로든 대체되어야 할 것이다. 아니면 CBDC가 이러한 기능을 대체하지 않도록 CBDC의 틀을 새롭게 설계해야 할 수도 있을 것이다. 중국 정부가 CBDC로 제안한 위안화RMB 코인은 엄격하게 도매용wholesale CBDC의 형태를 띤다. 시중은행들이 디지털 위안화를 액면 금액의 100퍼센트로 매입하고, 소비자들에게 직접 제공한다는 취지다. 다른 방식의 설계도 가능하다. 난, 딥톤 교수의 '화폐 순환이론'에서 말하는 것처럼 (새로운 가치를 의미하는) 돈을 새롭게 생성할 수 있어야 한다. 이때 기존 통화와 다른 형태라는 전제가 깔려 있다.

법제의 자동화

정부는 국민에게 법과 규제의 형태로 정책과 원칙을 알린다. 오늘날, 이와 같은 법제는 국민 각자에 의해 해석되고, 법원에서 관련 판결을 내린다. 영미권의 법리 제도에서는 아직도 각 법제의 근본개념에 대한 논란이 펼쳐지고 있다. 계약, 형법·민법, 규제를 비롯한 성문법의 경우, 각각의 근본적인 법적 의미에 대해 이해관계자 간에 해석이 분분하다. 논쟁을 펼치는 형태에 대해서도 논란의 여지가 많다(소송이나 형사고발로 시작해서 결국 민사 혹은 형사 재판으로 이어지기도 한다). 이 과정의 마지막 단계에서는 결국 사람들이 사건이나 법을 해석하여 최종 판결을 내린다.

그렇다면 현재의 법적 작동 메커니즘에 블록체인을 적용하여 대대적으로 전환하면 어떨까? '스마트 계약'의 형태로 점진적으로 바꾸어 나갈 수 있을 것이다. 스마트 계약은 블록체인을 더욱 유연하고 유용하게 하려는 노력의 결실이다. 앞서 언급했지만, 스마트 계약의 명칭은 엄밀히 말하면 부적절하다. '스마트'하지도, '계약'도 아니기 때문이다. 미리 블록체인에 짜 놓은 코드를 통해 특정 조건이 갖춰지면 자동 실행되는 계약을 지칭한다. 최소한의 자율성을 부여한 컴퓨터 프로그램이 바로 스마트 계약이다.

내 동료 한 명은 "법이란 변호사와 판사라는 매우 비효율적인 하드웨어에서 구동되는 가장 오래된 형태의 컴퓨터 소프트웨어"라는 말을 자주 한다. 만약 이 짓궂은 표현을 액면 그대로 받아들여서, 법을 개선하기 위해 법적 시스템을 해킹하면 어떻게 될까?

이미 법조계에서는 '알고리즘 증거개시algorithmic discovery'라는 법적 수단이 있다. 복잡한 법률사건에서 대형 법무법인이나 대기업이 첨단 컴퓨터 소프트웨어를 이용하여, 변론에 도움이 될 만한 주요 정보를 추출하기 위해 수백만 페이지의 문서를 훑어보는 작업을 의미한다. 이처럼 많은 양의 문서를 확인하기 위해 변호사를 여럿 투입할 필요가 없다. AI봇을 이용하여 사건 진행에 도움을 얻기 위해 데이터베이스와 SNS 사이트상의 정보를 적극 검색할 수도 있다. 컴퓨테이션 사회과학computational social science이 이미 배심원을 분석하고 선정하는 과정에 적용되고 있다. 한편 금융기관의 공정성과 포용성 규제 준수 정도를 판단하기 위해 해당 기관의 대출과 지출 패턴에 대한 알고리즘 분석도 하고 있다. 인권유린 관련 판결을 내릴 때도 대학살의 신호를 찾아내기 위해 위성사진과 AI를 이용한 이미지 분석이 이용되고 있다. 이처럼 기술은 그 어느 때보다 빠른 속도로 법의 영역으로 침투하고 있다.

그렇다면 법 제도와 기술을 더욱 적극적으로 결합하면 어떨까? 스마트 계약과 디앱을 실제 알고리즘이나 컴퓨테이션 법률(computational law, 법률과 컴퓨터가 융합된 법제도-옮긴이)로 전환해 결합할 수 있을 것이다. 또한 법률 계약을 체결할 때 동일한 알고리즘을 쌍pair으로 만들어서, 각각의 알고리즘이 계약 당사자를 나타내도록 하면 어떨까? 자동으로 법정 분쟁 검증과 판결에 이용될 수 있고, 디지털 토큰을 통해 지급해야 할 금액을 지불할 수도 있지 않을까? 이 모형에서는 법적 원칙의 핵심사항을 컴퓨터 코드로 전환하고 해당 코드를 다른 코드와 네트워크에 삽입하여, 계약 당사자들 간 법률 계약의 전체 세부사항을 자동 처리할 수 있을 것이다. 이때 컴퓨테이션 법률의 근간에 블록체인을 이용한다면 어떨까? 기존 네트워크는 알고리즘 기반(혹은 컴퓨터 기반)의 법제를 가동하는 네트워크로 거듭날 수 있을 것이다.

지금껏 소개한 아이디어들이 처음 들었을 때는 낯설겠지만, 지나치게 급진적인 이야기는 아닐 것이다. 다양한 기관의 컴퓨터 프로그래머들과 변호사들은 컴퓨테이션 법률을 제정하기 위해 협업 중이다. 법률의 코드화 수단을 마련하기 위해서다. 아직은 확산세가 불균형적이지만, 이미 우리가 생각하는 미래는 우리 곁에 있다.

정부와 블록체인의 시너지, 세금징수

정부와 블록체인이 만나 시너지를 낼 수 있는 접점은 아무래도 수익 창출, 구체적으로는 세수 추계 영역이 될 것이다. 세금 납부와 징수만큼 신뢰와 투명성이 중요한 부문도 없다. 일반적으로 정부의 주요 수익은 국민의 세금에서 창출된다. 세수를 축적하는 능력은 정부가 보건 서비스, 사법제도, 농가 보조금 등을 마련하는 데 핵심적이다. 정부 국정 운영의 생명줄이 세금일 뿐 아니라, 정책을 펼치는 데 필요한 자금도 세금으로 충당된다.

전 세계적으로, 특히 신흥경제국에서 조세 체계와 탈세 현상은 주요한 쟁점이 되고 있다. 아프리카 국가들을 포함한 여러 신흥경제국은 (GDP 대비) 세금징수율이 OECD 36개 회원국의 평균 절반 수준에 그치고 있어,[57] 정부가 핵심 인프라 시설이나 사회복지사업에 자금을 제공하는 데 애를 먹고 있다. 특히 세금은 OECD 주요 회원국들에서 대국민 주요 서비스를 제공하는 데 필요한 소득원이지만, 여러 아프리카 국가에서는 세금 징수 역량이 이들 국가에 비해 절반 수준이다.

턱없이 낮은 징수율은, 정부에 대한 신뢰가 완전히 무너졌고 세수가 부패한 관리들을 배 불리는 데 사용될 뿐 국가의 주요 사업에 사용되지 않을 것을 우려하기 때문이라고 한다.[58] 한편 선진국의 경우, 회계사와 변호사늘이 과세소득, 세금 납부 및 환급에 대한 체계와 보고 방식을 준수하며 세수 축적에 일조하고 있다.

세금은 반복적이고 예측 가능하며 거래 중심적인 다중 이해관계자가 참여하는 과정이라는 점에서 신뢰와 투명성이 중요하고 상당한 금액의 돈이 오가는 구조를 지닌다. 전체 회계 시장의 80퍼센트를 점유하고 있는 '빅4' 회계법인들은 모두 세금에 블록체인을 적용하는 방법에 대해 여러 전략을 실험하며 시범사업을 운영 중이다.

정부들도 세금 담론에 참여하고 있다. 블록체인 기반의 세금 제도에서는 감사 과정이 몇 초 혹은 몇 분밖에 걸리지 않고 (이 블록체인을 운영하는 데 필요한 컴퓨팅 성능을 고려하더라도) 비용도 매우 미미하다. 현재 소요되는 수백만 파운드와 수개월에 걸친 감사 기간에 비하면 식은 죽 먹기다. 정부의 AI 알고리즘에서 회사의 AI를 접촉하고 블록체인을 이용하여 안전하고 공신력 있게 각종 조사에 필요한 데이터를 추출할 수 있다. 정부와 회사 양측을 대표하는 인력을 투입할 필요가 없다.

직접 민주주의로의 회귀

투표 및 여론조사 시스템을 강화하고, 정부의 법 제도를 보강하며, 대국민 사회복지 목표를 달성하기 위한 세수 집계 시스템 개선에 대해 논의했다. 이 외에도 블록체인의 메커니즘을 이용해 국민 투표를 하면 어떨까? 선거구민들이 자치구 혹은 국가의 거버넌스에 대한 세부내용을 고민할 시간이나 지식이 없으므로 국회의원을 선출하는 것이다. 그런데 AI와 데이터 애널리틱스가 블록체인과 결합한다면 어떨까?

암호화 방식을 이용하여 신뢰할 수 있는 출처의 정보를 토대로 각 선거구민이 판단할 수 있다면, 국민의 의지와 견해가 블록체인을 기반으로 한 정부에 직접 전해질 수 있을 것이다. 소크라테스와 데모스테네스의 시대에는 상상조차 못 하던 규모로 진정한 직접 민주주의 시대가 펼쳐질 듯하다. 블록체인을 비롯한 여러 차세대 기술과의 융합으로 기존 사회조직 메커니즘이 한층 더 발전할 수 있을 것이다.

그러나 다가올 기술보다는 현재 우리 곁에 있는 기술이 담론화되는 경향이 있다. 현재 블록체인 기술이 일상에 전면 도입될 정도로 발전하진 않았지만 몇 달 안에 혹은 길어야 몇 년 안에 가용된다는 전제가 깔려야 할 것이다.

그렇다면 분산원장의 부분적 혹은 핵심적 요소가 등장할 수 있는 기술적·사회적 진화에서 우리 눈앞에 어떠한 도약이 펼쳐질 것인가? 이 책의 마지막 장에서는 장기적인 전망을 내다보며 주요한 기조와 견해를 소개한다. "이곳에 용이 있으라(Here be dragons, 중세 유럽에서 잘 모르거나 가 보지 않은 땅을 지도에 표기할 때, 용을 비롯한 온 갖 상상 속 동물을 그렸다고 한다. 모르는 위치에 상상의 동물을 배치하는 행위를 일컫는다—옮긴이)."

❖ 정보 시대에 정부에 대한 신뢰에 분열이 나타나는 현상

❖ 선거의 무결성에 대한 신뢰를 회복하는 데 도움이 되는 블록체인의 기능

❖ 중앙은행 디지털 화폐(CBDC)를 탄생시킬 수 있는 기회, 그리고 본격 이용될 경우 나타날 일부 문제점

❖ AI, 애널리틱스, 블록체인의 잠재역량 결합을 통해 법치주의 및 과세제도와 같은 정부의 핵심 기능 '업그레이드'

CHAPTER 11

블록체인이 만들어낼
'유토피아'

Point

- 더욱 긴밀히 연결된 세상에서는 데이터 양과 복잡성이 증대될 것이고, 블록체인을 이용하여 데이터 관리를 쉽게 할 수 있을 것이다.

- 증강현실(AR)과 3D 프린팅 같은 융합형 기술은 분산원장과 결합했을 때 새로운 가능성의 문이 열릴 것이다.

- 수십 년 내에 완전한 분산형 방식으로 사회 전면에 대전환을 일으킬 수 있을 것이다. 인류의 니즈에 충족하기 위한 반응성과 연결성이 또 다른 차원으로 구현될 것이다.

자, 이제 분산원장이 가져올 변화를 장착한 세상으로 날아들어 가보자. 조금 더 깊이, 멀리 있는 새로운 세상을 탐험할 준비가 되었길 바란다. 처음부터 김새게 하려는 건 아니지만, 전문 미래학자들도 잘하기 어려운 게 미래를 내다보는 일이다. 경제학자들이 경기침체에 대한 전망을 앞다투어 내놓았는데, 결국 수십 년간 세 번의 침체기를 겪었지만, 예견한 건 열한 번이나 되었다는 사실만 봐도 알 수 있다.

이 장에서는 거스를 수 없는 기술변화의 파고에 대해 다룬다. 단, 블록체인에만 국한하지는 않을 것이다. 그렇게 한다면 실리콘만 이용하여 핸드폰을 만드는 셈이다. 실리콘은 마이크로프로세서에 삽입하는 핵심소재지만, 회로를 위해서는 금이나 탄탈럼이 필요하고, 터치스크린에는 플라스틱과 특수가공 유리, 리튬배터리 등이 필요하다. 마찬가지로 미래 기술에서는 블록체인 시스템에 인공지능, 무선통신망, 첨단 애널리틱스를 비롯한 여러 기술이 필수적으로 이용될 것이다. 나아가 아직은 과학적으로 풀어야 할 과제가 많지만 양자 컴퓨팅, 스마트 폴리머, 나노기술 등 여러 최첨단 기술이 이용될 날도 꿈꿔본다.

내가 어렸을 적에 아버지는 잠자기 전 항상 책을 읽어 주셨다. 흥미진진한 모험과 탐험 이야기뿐 아니라 판타지 소설도 읽어 주셨다. 세월이 흘러 내가 아이들에게 -트위치 게임을 하거나 유튜브

영상을 보는 대신- 책을 읽어 줄 나이가 되었다. 나는 아버지처럼 그저 책만 읽어 주는 것이 아니라, 아이들과 이야기 만들기 놀이를 했다. 각자 문장이나 대사를 하나 만들고 다음 사람에게 넘기면, 그 사람이 이야기를 이어가는 방식이었다. 그렇게 우리는 매일 밤 다양한 등장인물과 판타지 세계를 상상하곤 했다.

내가 이렇게 개인적인 이야기를 하는 이유는 무엇일까? 어렸을 때 새로운 세상을 상상하게 만든 무한한 상상력의 원천, 그리고 일과 세상에 변화를 가져올 새로운 모험과 도전의 원천이 바로 혁신이기 때문이다. 정규 교육이 때로는 내재된 창의성과 상상력에 찬물을 끼얹기도 한다. 특히 학교에서 벌이는 각종 정규 시험은 혁신적인 답을 생각할 여지를 거의 주지 않는다. 그러나 미래의 사회, 나아가 인류가 해결해야 할 범지구적 문제들에는 풍부한 상상력으로 사고할 수 있는 혁신적 인재가 필요하다. 더 나은 미래를 만들기 위해 때 묻지 않던 유년 시절 발휘하던 그 상상력을 다룰 줄 아는 사람들 말이다.

나는 블록체인을 탄생시킨 수학 논리와 알고리즘을 개발한 취지가 우주선을 안전하게 만들기 위한 것이었다는 얘기를 듣고 놀랐다. 안전한 우주여행에 이용된 기술이 인류사회가 공동의 선을 위해 협력하고 더 나은 방식을 탐색하도록 길을 열어준 셈이다. 내가 어렸을 때 상상 속에서 새로운 판타지 세상을 탐험했듯, 미래의 블록체인 은하계로 함께 떠나 보자.

연결된 세상

오늘날 우리가 보거나 만지는 모든 것은 어디에나 존재하는 '유비쿼터스(ubiquitous, 편재적인)' 통신망에서 하드웨어와 연결되어 있다. 미래에 더욱 본격화될 '연결된 세상'의 모습은 일상의 여러 부문에 이미 깃들어 있다. RFID 태그, 물리적 장치와 디지털 네트워크를 연결하는 '사물인터넷Internet of Things, IoT'이 확산된 모습만 봐도 그렇다. 연결된 세상에서는 모든 사물과 기기가 서로 연결되어, 상상 속에서만 가능한 여러 기술적 통찰과 가능성에 물꼬를 틔우고 있다. 더욱 정확한 일기예보를 알려주고, 교통체증을 안내하여 자동으로 도로 이용을 분산시켜 교통이 정상화하도록 도시의 모든 사물이 관련 데이터를 스트리밍한다고 상상해 보라. 혹은 수많은 데이터 피드로부터 추출된 AI 모형을 이용하여 범죄율을 예측함으로써 사람들이 더욱 안심하고 안전한 환경에 사는 세상은 어떨까? 프라이버시, 빅 브라더, 해킹에 대한 두려움, 독재주의에 대한 공포 등의 요소가 자연스럽게 발생한다고 하더라도 블록체인이 있기에 연결된 세상이 가능하며, 각자의 개인 정보 -매우 사적인 정보를 포함하여- 를 보다 효과적으로 보호할 수 있을 것이다.

또한 연결된 세상에서는 새로운 차원의 연산능력computational

power이 활용된다. 예를 들어 자동차 한 대에는 70여 개의 내장 컴퓨터가 장착되어 있다. 이들 컴퓨터가 차량을 주차할 때를 비롯해 운행에 사용되지 않을 때도, 일상의 면면에 파고든 유비쿼터스 블록체인의 생성·유지·분석에 관여하고 있다. 이러한 유비쿼터스 네트워크의 규모는 생각보다 훨씬 큰 편이다. 사물인터넷에 연동된 대규모 분산형 컴퓨팅은 일상의 모든 차원 -유아용 보안 감시 카메라, 냉장고, 신호등, 실내공조기 시스템 등- 에서 이용되는 전자기기의 모든 마이크로프로세서로 확장될 수 있을 것이다.

인텔의 전직 CEO와 저녁 식사를 하는 자리에서 들은 얘기다. 인텔은 여러 국가에서 상호 연결된 마이크로프로세스의 가격을 대폭 낮추어 더욱 활발히 유통될 수 있도록 자금지원을 해왔다고 했다. 하드웨어 사업보다는 네트워크상에서 칩들 사이에 전송 및 교류되는 데이터의 가치가 미래의 먹거리 사업이라고 생각한 것이다. 인텔은 80년대 당시 사업 모델을 전적으로 전환하는 데 성공했다. 메모리 칩 판매에서, 메모리뿐 아니라 컴퓨터의 심장 기능을 하는 마이크로프로세서를 판매하는 것으로 '피봇pivot'을 한 것이다.

한편 마이크로프로세서 분야의 경쟁은 나날이 치열해지고 있다. 인텔이 과거에 누렸던 경쟁우위 기술을 생략해도 무방한 새로운 제조방식이 생겨나고 있다. 이에 인텔은 부가가치가 높은 첨단 네이터 애플리케이션으로 눈을 돌리는 중이다. 앞서 언급한 '연결된 세상'의 개념처럼 중요해지는 데이터 기반의 미래를 향해 다시한번 사업 모델을 변환하고 있다. 연결된 세상에서는 네트워크로 연결된 최첨단 데이터 애플리케이션(예를 들어 블록체인에서 디앱의 기능)을 가능하게 하고 강화함으로써 최고의 가치를 도출할 수 있기 때문이다. 네트워크에 연결된 하드웨어의 내부 장치나 부품을 제공하는 것만으로는 최고의 가치가 나오기 힘들다.

연결된 세상은 우리가 생활하고 일하는 방식에 관해 새로운 출처의 데이터를 가져올 뿐 아니라 고도로 분산화되고 역동적인 방식으로 해당 데이터를 처리하도록 새로운 역량을 구축할 것이다. 이에 따라 우리의 니즈에 적극적으로 부합한 환경, 나아가 변화에 더욱 신속히 적응하는 사회를 구현할 수 있을 것이다.

증강현실

디지털상으로 연결된 기기가 늘어가고 AI의 성능이 개선됨에 따라, 새로운 종류의 현실 세계가 등장할 수 있을 것이다. 컴퓨터가 24시간 우리 곁에 있으면서 우리 주변에서 일어나는 일들에 대해 알려주는 방식이다. 수십 년 동안 꿈꿔온 이와 같은 증강현실은 점차 가시화되고 있고, 향후 몇 년 동안 일상 속에 깊이 파고들 것이다.

증강현실은 연결된 세상의 개념과 함께 등장했다. 이식형 기기나 AR 고글 등을 이용해 사람의 시야에 투영된 데이터 스트림을 처리하는 과정에서 데이터의 해석과 외삽(extrapolation, 대부분의 데이터와 동떨어진 점에서 결괏값을 예측하는 것-옮긴이)을 반복하여 증강현실을 구현해낸다. 이 과정에서 주변에서 일어나는 현상을 더 심층적으로 이해할 수 있게 된다. 우리 주변을 둘러싸고 있지만 보이지 않는 데이터 흐름이 시야 내로 확실히 들어오게 되어, 결과적으로 더 나은 의사결정을 내리도록 도와준다.

차를 운전해서 도로 위를 달린다고 가정해 보자. 운전자의 시야에 들어오는 헤드업 디스플레이는 다른 차량이 나의 차선에 끼어들 때 경고 신호를 보낸다. 그러면 운전자(자율주행차량일 경우 AI)는 사고를 안전하게 피하기 위한 조치를 취할 수 있게 된다. 한편 내가 필요로 하는 물품을 판매하는 매장 옆을 걷고 있다고 가정해 보자. 그러면 증강현실을 통해 해당 물품의 입고 여부를 알 수 있게 된다. 또한 본인 혹은 옆에 있는 누군가가 아플 경우, 증강현실 기술로 증상을 감지하여 의료적 조언 혹은 진단을 권유할 수 있다. 물리적 안전성, 구매 활동, 건강의 차원에서 증강현실의 도움을 받아 불편함을 줄일 수 있을 것이다.

증강현실의 세상에서는 개인 정보에 대한 사이버 안전성과 보안성을 블록체인을 통해 강화할 수 있게 된다. 증강현실 세상에서의 삶은 여러 편익을 가져오지만, 데이터의 접근성과 분석을 가능하게 하는 과정에서 사이버보안 위험이 생겨나기도 한다. 증강현실 기반의 상호작용에서 비롯되는 데이터를 안전하게 추출하고 예기치 못한 위험을 발생시키지 않는 방법이 있다. 특별 처리된 engineering 분산원장과 인공지능 하이브리드 시스템을 활용하면 가능하다.

증강현실의 세상에서 일상적 상호작용은 분산원장 데이터 시스템과 개인 맞춤형 인공지능 엔진의 결합으로 중재 및 개선할 수 있다. 개인형 AI 엔진은 사용자의 일상적인 상호작용을 파악하고 행동 패턴과 요구사항을 파악함으로써 사용자의 선호도와 취향 및 니즈를 학습할 수 있다. 이와 같은 AI 엔진은 다른 이들, 회사, 시스템을 위해 다른 AI 엔진과 자동으로 상호작용할 수 있으므로 개인 각자의 발언 기회가 대폭 늘어난다. 이때 여러 상호작용에 대한 보안은 첨단 형태의 블록체인과 암호화 기술을 통해 강화할 수 있다.

적응형 세상

적응형 세상에서는 맞춤형 상품과 서비스를 통해 개인의 니즈를 최대한 충족할 수 있다. 각자가 상상할 수 있는 어떠한 것이라도 해당 템플릿(template, 양식)을 블록체인에 저장할 수 있다. 오픈소스 혹은 무료로 이용 가능한 경우도 있지만, 높은 로열티나 이용료를 부과하는 템플릿도 있을 수 있다. 템플릿은 나노제작기술 (nanofabrication, 물리화학 및 기계적인 방법을 이용하여 나노미터 크기의 형태나 구조 및 계면을 형성하는 것-옮긴이)을 가동하는 데 이용된다. 아마존에 접속해서 전기밥솥이나 전자레인지를 주문하고, 며칠 기다릴 필요 없이, 템플릿에 접근해서 나노 기계가 몇 분 내에 상품을 제조하도록 할 수 있다. 이때 블록체인에서 지식재산권의 이용 내역을 자동 추적하여 상품의 사업면허권 지급료에 대한 할당 및 감사도 자동으로 실시한다.

분산형 사회

이미 다국적기업들은 자체 보안기술과 역량을 갖추고 있다. 예를 들어 국제수역을 항해하는 크루즈 선에도 보안 기능이 탑재되어 있다. 정부의 제도권 밖에 있는 전 세계 수십억 명의 사람들이 사회의 주요 기능인 금융 시스템을 이용할 수 있도록 기업 자체적으로 디지털 화폐를 도입한 경우도 있다. 이에 여러 정부는 정부의 주요 기능 -화폐 발행, 투표 실시, 복지혜택 지급 및 세금 징수 등-에 어떻게 블록체인을 결합할 수 있을지에 대해 고민해 왔다.

우리의 눈앞에 분산형 사회가 펼쳐진다면 어떨까? 블록체인 메커니즘과 블록체인을 기반으로 한 거버넌스를 이용하여 수백만 혹은 수십억 명의 십난 지성에 접근하여 글로벌 차원에서 긍정적인 결과를 도출함으로써, 여러 정부와 국민이 이전과 다른 예상치 못한 방식으로 공통의 문제나 우려 사항에 대해 함께 논의할 수 있을 것이다.

이와 같은 사회는 어떠한 모습을 띠게 될까? 100년 전만 해도 도로 위에 전기 자동차가 다니고, 사람들이 무선 통신을 이용하고, 유전자를 변형하며, 다른 행성으로 로켓을 발사할 것이라고는 상상도 못 했다. 당시 이와 같은 공상 속 아이디어들은 H. G. 웰스H. G. Wells와 쥘 베른Jules Verne과 같은 과학소설가들의 영역이었다. 그러나 이제는 우리 사회에서 하나둘 실현되고 있다.

분산형 사회는 눈에 안 보이고 형태도 없지만 강력한 힘을 발휘하는 것들을 실현하고자 한다. 분산형 사회에서는 진정한 집단 지성의 역량을 발산할 수 있다. 문제를 해결하기 위해 수백 혹은 수천 명의 사람이 가진 지혜를 모으거나, 미래의 상황을 예측하는 데 집단 지성의 잠재력이 발산된다(개별 지성보다 저력이 훨씬 더 크다는 기초 연구가 있다). 모든 사람에게 득이 되도록 조화롭게 사람들의 생각을 집결하여 고차원적인 의식으로 인류의 문화를 발전시킨다는 피에르 테야르 드 샤르댕Pierre Teilhard de Chardin의 유토피아적 이상향에 가까이 다가갈 수 있을 것이다. 아직은 이름을 붙여주지 못한 어떤 것, 새로운 형태의 비즈니스 거래, 오늘날 알 듯 모를 듯한 방식으로 인류의 삶을 개선하는 사회가 도래할 날이 머지않았다.

제임스 카메론(James Cameron, 영화 〈터미네이터〉, 〈아바타〉 감독)의 말 처럼, 미래는 우리가 생각하는 대로 펼쳐진다.

chapter 10 **Check**

❖ 연결된 세상은 어떻게 새로운 통찰을 제공할 수 있는가?

❖ 증강현실의 세상은 어떻게 우리가 개선된 정보 접근성에 힘입어 새 롭게 주변과 상호작용할 수 있도록 할 것인가?

❖ 적응형 세상은 어떻게 가시적인 것들이 우리와 상호작용하는 방식 을 바꿀 수 있는가?

❖ 분산형 세상을 형성한다는 것은 우리에게 어떠한 의미인가?

기술적 혁신을 실천하는 미래의 블록체인 기업, 그리고 혁신적인 금융을 상상하고 개발하고 이행하고 성장시키는 수많은 학생에게서 받은 영감이 없다면 이 책은 세상의 빛을 보지 못했을 것이다.

이 책은 독자들에게 블록체인의 작동 원리, 업무·일상·사회에 적용되는 방식에 대한 기본적인 개념을 소개한다. 각 개념의 요소들은 새로운 미래를 상상하는 여정의 주요 디딤돌이다. 이 책에서 얻은 영감에 대해 며칠 동안 고찰해 볼 수 있을 것이다. 이 주제에 대해 친구들이나 동료들과 담론을 나누면서, 언젠가 블록체인 유니콘 기업을 창업할 수도 있을 것이다.

어떠한 경우에라도 변화를 일으킬 힘은 당신에게 있다. 기술은 우리에게 나타나는 자연스러운 현상이 아니다. 인간 사회가 블록체인을 만들었고, 인간은 블록체인을 사용해야 하는 경우와 사용하지 말아야 하는 경우를 결정할 수 있다.

그렇다면 이제 블록체인을 갖고 어디를 향해야 할까? 이 질문의 답은 독자 여러분의 손안에 있다. 블록체인으로 최대한의 결실을 내길 바란다.

이른 시일 내에 이 책이 세상의 빛을 볼 수 있게 도와준 '리틀, 브라운Little, Brown'의 편집자 톰 애스커Tom Asker와 나의 에이전트 리아 스피로Leah Spiro에게 감사의 마음을 전한다. 이 책이 나오기까지 바쁜 일정에도 불구하고 책의 내용과 주제에 관해 조언을 준 내주변 지인들 존 댄다고스티노John D'Agostino, 아미아스 게리티Amias Gerety, 올리버 굿이너프Oliver Goodenough, 린다 잭슨-홈즈Linda Jackson-Homes, 아델 자샤리Adele Jashari, 르네 랜더스Rene Landers, 제인 토마슨Jane Thomason, 데보라 웹스터Deborah Webster 의 도움도 매우 컸다. 4장의 내용이 중심을 잃지 않도록 조언해 준 헬스체인 전문가 프랭크 리코타Frank Ricotta와 수잔 라모나타Susan Ramonata에게도 감사를 전한다. 요한나 아프로디타 줄레타Johanna Afrodita Zuleta는 책 표지의 색상을 선택하는 데 도움을 주었다. 늘 한결같은 E.J 블리너E.J Bliner는 내가 엄청나게 빠듯한 집필 일정을 소화할 수 있도록 나의 업무 이행에 차질이 없도록 도와주었다.

영광스럽게도 전 세계 상위 5대 대학교 중 두 곳 -MIT와 옥스퍼드- 의 석학들과 함께 일할 수 있었다. 나는 그 과정에서 두 학교가 차세대 교과과목을 130여 국가에서 접속할 수 있도록 하는 데 일조했다. 적극적인 협업을 통해 새롭게 조명받는 상상력 풍부한 블록체인 선구자들로부터 예상치 못한 놀라운 생각들을 접할 수 있었다. MIT의 알렉스 펜틀런드Alex Pentland 교수와 옥스퍼드 대학 사이드 경영대학원의 피터 투파노Peter Dufano 학장은 이 여정에 적극적으로 참여해 준 협업자들이다. 전 세계 유수의 대학 몇천 명의 엘리트 집단 외에도 전 세계에서 블록체인을 갖고 놀이하고 실험하며, 블록체인을 토대로 창업을 하는 수많은 이들도 이 여정에 동참해준 것이다. 내게 영감을 주는 사람이자 논쟁 상대인 멜템 더머러스가 없었다면, 나의 블록체인 여정은 시작도 못 했을 것이다.

비상한 두뇌를 갖고 있으면서 역동적으로 창의력을 발휘하는 우리 학생들이 복잡한 개념들을 응용하는 모습을 접하고, 인간 사회의 모든 부문 -금융, 식품, 항공에서 에너지와 정부에 이르기까지- 에 보여준 예상치 못한 놀라운 혁신의 결실을 보면, 고개가 절로 숙여진다.

마지막으로 몇 시간씩 시간을 내어 이 책을 탐독해 준 독자 여러분에게 고마움을 전한다. 기회가 된다면 책에서 접한 내용을 어떻게 활용했는지 꼭 들어보고 싶다.

스위스 로잔에서

2019년 10월

- **알고리즘(Algorithm)** 컴퓨터 프로그램을 위한 일련의 명령어

- **자금세탁방지(anti-money laundering, AML)** 기관들이 범죄 자금의 이동을 방지하기 위한 일련의 규제. '고객 알기 제도(Know Your Client, KYC)'와 혼용되어 이용된다.

- **인공지능 하이브리드 시스템(Artificial Intelligence Hybrid System)** 사람과 기계를 결합하는 새로운 종류의 AI 시스템으로, 이론상으로는 각자 단독일 때보다 더 강력한 능력을 발휘할 수 있다.

- **증강현실(Augmented Reality)** 디지털 데이터를 이용해서 '실제' 세상의 이미지 위에 겹치도록 하여 인간의 현실 경험을 강화하는 기술

- **빅 데이터 시스템(Big Data System)** 대용량으로 (높은) 속도에 (큰 차이를 나타내는) 다양성을 지니며 존재하는 데이터를 취급하는 시스템. 이와 같은 '빅 데이터'는 일반 데이터에 비해 관리하고 계산하기가 더욱 복잡하다.

- **비트코인(Bitcoin)** 일종의 분산형 디지털 화폐로, 정부가 아닌 '블록체인'이라는 전문적인 데이터베이스에 구동되는 컴퓨터 네트워크로 구현된다.

- **블록체인(Blockchain)** 특정 메커니즘을 이용하여 데이터베이스의 무결성을 보장하고, 구체적으로 거래의 무결성(작업증명 등)에 대한 수학적 증명의 형태로 트랜잭션에 대한 블록을 형성하는 분산원장. 최초의 블록체인은 비트코인을 구동하기 위해 개발되었다.

- **비잔틴 컨센서스(Byzantine Consensus)** 참여자들이 서로 신뢰할 필요 없이 결과를 신뢰하도록 하는 수학적 수

- **중앙은행 디지털 화폐(Central Bank Digital Currency, CBDC)** 정부가 발급하고 통제하는 암호학적으로 안전한 화폐의 한 형태. 예를 들어 비트코인은 개인과 기업의 네트워크에서 발급하는 화폐다.

- **명령 및 제어(Command-and-Control)** 고도로 중앙화된 관리 혹은 거버넌스의 형태로, 한 명의 개인이나 소수의 사람이 주요 의사결정을 내리고, 나머지 조직 구성원들은 결정을 이행하기 위해 존재한다.

- **컨센서스 혹은 합의(Consensus)** 여러 당사자 간에 의사결정을 내리기 위한 알고리즘 메커니즘. 새로운 종류의 데이터를 블록체인과 같은 데이터베이스에 수용할지에 대한 의사결정을 내릴 수 있다.

- **암호화(Cryptography)** 평범한 텍스트 혹은 쉽게 해독되는 정보를 공인되지 않은 자가 해독할 수 없도록 보안을 강화하는 수학적 과정

- **디앱(DApps)** 이더리움 프로토콜에서 수동 되는 분산형 애플리케이션으로, 중앙형 소프트웨어가 아닌 분산형 네트워크에서 연결된 여러 컴퓨터에서 구동되는 소프트웨어를 의미한다.

- **파생상품(Derivatives)** 다른 기초 자산을 기반으로 가치를 인정받는 금융상품으로, 이와 같은 자산으로부터 가치가 '파생'한다. 예를 들어, 특정 시점에 특정 금액으로 특정 자산을 구매할 수 있는 권리를 뜻하는 '콜 옵션(call option)'도 파생상품이 될 수 있다. '콜 옵션'은 위 혹은 아래의 특정 방향으로 이동하는 자산의 가격에 베팅(betting)하는 데 이용된다.

- **분산원장(Distributed Ledger)** 서로 자동으로 업데이트하는 여러 복사본을 보유한 데이터베이스

- **타원 곡선 암호(Elliptic Curve Encryption)** 매우 효율적이지만 안전하고, 비트코인 블록체인에 이용되는 암호화의 한 형태

- **이더리움(Ethereum)** 분산형 앱 혹은 디앱에서 구동되는 운영 체제를 제공하는 블록체인 프로토콜

- **플랫 파일(Flat file)** 선형적 데이터 스트림(일련의 텍스트)으로, 하나의 글자가 다른 글자와 나란히 배열되어 있다('flat'). 오라클이나 SAP 데이터베이스 혹은 하둡과 같은 '빅데이터' 데이터베이스를 가리키는 관계형(2차원) 데이터베이스와 대조되는 개념이다.

- **세분화도(Granularity)** 모래 한 알에 집중하는 것처럼 매우 정밀하고 세분하게 분해한다.

- **해시(Hash)** 원래의 숫자를 은닉하는 방식으로 종종 암호화 과정에서 사용되는 방식으로, 하나의 숫자를 다른 숫자로 변형하는 수학적 문자열

- **고빈도 트레이딩(High frequency trading, HFT)** 초고속 컴퓨터 시스템을 이용하는 몇분의 1초 안에 실행 가능한 금융 트레이딩의 한 종류. 전체 거래량의 50퍼센트 이상을 차지한다.[59]

- **홀라크라시(Holacracy)** 관리자 없이 자급 자족적인 노동 결합체를 관리하는 분산형 기업 관리 체제

- **초기 코인 공개(Initial Coin Offering, ICO)** 전통적인 규제조사를 벗어나 대중에서 토큰을 판매하는 방식. 현재 이 글을 쓰는 시점 기준, 대부분의 규제 당국에서는 '증권 공개'로 정의하여, 토큰에 대해 특수한 증권 카테고리를 만들었다.

- **불변의(Immutable)** 변하지 않고 영원한. 불변성은 블록체인의 한 가지 특징이다.

- **고객 알기 제도(Know Your Client, KYC)** 이름과 주소 같은 특정 정보를 수집하고 검증하는 등 누군가의 신원을 검증하기 위해 기관들에서 사용하는 일련의 규정

- **원장(Ledger)** 장부 기장 체제로, 블록체인의 경우에는 데이터베이스

- **라이트닝(Lightning)** 블록체인 소프트웨어가 더 빠르게 구동하도록 하는 대신 소프트웨어를 수정하는 과정. 네트워크 노드의 서브셋에서 복잡한 계산식을 작은 단위로 나누어, 특정 결과를 계산하는 데 필요한 복잡성을 완화한다.

- **매트릭스 경영(Matrix management)** 특정 프로젝트나 업무를 둘러싸고 사람들을 조직하고, 해당 프로젝트에 대해 업무를 지정하는 전통적인 조직도를 과감히 포기하는 기업 경영 방식. 여전히 선형적 조직도를 토대로 성과 평가와 관리가 진행되기 때문에,

'매트릭스' 조직도에는 업무 총괄자와 그의 상사가 포함되어 있다.

- **머클 트리(Merkle tree)** 데이터의 무결성을 확보하기 위해 자체적으로 구축되는 데이터 흐름에 대한 수학적 개념이다. '트리'의 기록 일부를 누군가가 변경하려고 하는 경우, 전체 구조가 변질되며 변경 시도가 탐지되었다는 신호를 전달해 준다.

- **채굴(Mining)** 암호화폐 원장에 새로운 정보를 추가 입력하면서 해당 화폐의 새로운 유닛(unit)을 추가하는 과정으로, 복잡한 수학적 계산이 소요된다.

- **나노머신(Nanomachine)** 변경성과 자기 복제성이 높은 매우 작은 기계

- **네트워크 이론(Network theory)** 컴퓨터 시스템 환경에서 장치들이 서로 연결된 방식에 대한 과학적 설명

- **노드(Node)** 블록체인 네트워크에 연결된 서버로, 해당 네트워크에 대한 소프트웨어를 저장하고 있다.

- **오픈소스(Open Source)** 소스 코드(혹은 기본 명령어)가 무상으로 이용 가능토록 소프트웨어를 개발하는 방식. 단, 사용하려면 이용자가 코드에 가한 개선사항을 제공하기로 약속해야 한다. 공동재의 혜택을 함께 나눈다는 차원의 약속이다.

- **파일럿(시범) 사업(Pilot project)** 특정 기술에 대한 소규모 시험

- **캐시 풀링(pooling money)** 흩어진 자금을 단일의 유닛에 모으는 작업으로, 범위의 경제로 인한 혜택을 얻기 위해 이용된다.

- **작업증명(Proof of Work)** 수행하기 어려운 특정 수학 연산에 의존하고, 비트코인 블록체인이 트랜잭션을 수행하는 방식에 기초로 작용하는 비잔틴 컨센서스를 달성하기 위한 메커니즘. 수학적 난해함으로 사이버공격을 저지할 수 있다. 단순히 네트워크에 대대적인 공격('시빌 공격(Sybil Attack, 한 개인이 다수의 계정이나 노드, 컴퓨터를 구성해 네트워크를 장악하려는 온라인 시스템 보안 위협-옮긴이)'으로도 알려져 있다)을 가해 네트워크를 제압할 수 없게 한다. 다른 프로토콜에서는 지분증명(proof of stake)과 같은 다른 컨센서스 알고리즘을 이용하기도 한다.

- **프로토콜(Protocol)** 네트워크상의 노드(참여 중인 컴퓨터)들이 서로 소통하며 정보를

교류하도록 하는 일련의 지시사항

- **이력 추적(Provenance)** 자산의 소유권 혹은 제목에 대한 사슬의 형태로, 자산의 출처를 '증명'한다.

- **양자 암호(Quantum cryptography)** 양자 컴퓨팅을 이용한 첨단 암호화 방식

- **관계형 데이터베이스(Relational database)** 데이터 요소를 상호관계의 관점으로 설명하는 데이터베이스. 생일 데이터베이스는 데이터 요소로 누군가의 생년월일을 저장하고, 또 다른 데이터 요소인 같은 인물의 이름을 상호참조(cross-referencing)한다.

- **리플(Ripple)** 국제 네트워크상에서 결제, 환전, 송금 관리를 위한 블록체인 기반 시스템. 리플에 사용되는 기반 프로토콜은 XRP라고 한다.

- **면책 조항(Safe harbor)** 규제 당국이 기업에 제공하는 허용이 능한 활동 범위에 관한 조항으로, 이 범주 안에서 새롭거나 실험적인 활동을 펼칠 수 있다.

- **증권(Securities)** 특정 자산을 나타내는 데 이용되고 매매 가능한 금융 수단

- **결제 및 청산(Settlement and clearing)** 증권의 소유주를 다른 사람에게로 이전하는 활동. 결제는 증권에 대한 가치(돈 혹은 다른 수단)를 지불하는 것이고, 청산은 해당 증권의 소유주를 나타내는 기록을 업데이트하는 활동이다.

- **그림자 금융(Shadow banking)** 전통적인 은행업 규제망에서 벗어난 은행 업무에 관여하는 비은행 금융 제도

- **스마트 계약(Smart contract)** 특정 조건이 충족될 때 블록체인상의 소프트웨어 프로그램 때문에 수행되는 지시사항

- **테일러리즘(Taylorism)** 프레데릭 윈즐로 테일러(Frederick Winslow Taylor)가 주창한 효율성과 엄격한 시간 활용 중심의 경영 방식. 미국의 기업인 헨리 포드(Henry Ford)에 의해 보편화되었다.

- **토큰(Token)** 블록체인의 맥락에서 토큰은 (1) 가치의 이동 내역을 저장하고 관리하는 메커니즘에 대해, (2) 금융당국의 규제를 받는 디지털 증권이다.

  토큰 거래소(Tokenized exchange) (1) 블록체인 토큰이 매수 및 매매될 수 있는 거래

의 장이자 (2) 블록체인 토큰을 이용하여 거래되는 증권의 결제와 청산을 더욱 효과적으로 자동화하는 증권 거래소(블록체인 토큰 증권 외에도 여러 증권이 거래된다) 등 다양한 의미로 해석된다.

- **가치 사슬(Valule chain)** 특정 상품에 대해 (부가) 가치를 창출하는 상호연계된 활동
- **가치의 이동(Value transfer)** A가 B에게 자금을 제공하는 수단으로, B는 그 자금을 제3자에 제공할 수 있다. 웨스턴 유니온(The Western Union Company)은 'B'의 역할을 맡아 특정 소재지의 개인으로부터 돈을 받아, 다른 소재지의 개인에게 제공하는 역할을 한다.
- **윈드호버 원칙(Windhover principles)** 일부 암호화폐 기업들이 채택한 자기규제 지침안으로, 비트코인과 같은 화폐를 취급할 때 준수해야 할 AML과 KYC 규제를 준수하는 방법을 명시한다.

BOOKS

- Hardjono, Thomas, Shrier, David L. and Pentland, Alex (2019) Trusted Data. MIT Press: Cambridge, MA and London, UK.

- Jakobsson, M. and Juels, A. (1999) 'Proofs of Work and Bread Pudding Protocols (Extended Abstract).' In Preneel B. (ed) Secure Information Networks. IFIP — The International Federation for Information Processing, vol 23. Springer, Boston, MA.

ARTICLES

- Androni, M. et. al. 'Blockchain technology in the energy sector: A systematic review of challenges and opportunities.' February 2019. https://www.sciencedirect.com/science/article/pii/S1364032118307184#s0090

- Barnes, Y. '8 things you need to know about the value of global real estate.' July 2018. https://www.savills.com/impacts/market-trends/8-things-you-need-to-know-about-the-value-ofglobal-real-estate.html

- BBC. 'Nigeria: Why is it struggling to meet its tax targets?' 8 September 2019. https://www.bbc.com/news/world-africa-49566927

- BIS Research. 'Blockchain technology in financial services market – Analysis and forecast: 2017 to 2026. (Online Executive Summary)' https://bisresearch.com/industry-report/blockchain-technology-market-2026.html

- Britannica. '9 Worst Generals in History.' https://www.britannica.com/list/9-worst-generals-in-history

- Bronfenbrenner, Urie and Newcomb, Theodore M. (1948) 'Improvisations – an application of psychodrama in personality diagnosis.' Sociatry, vol 4, 367–382.

- CNBC.com. 'Blockchain issues primarily around process, culture and regulation: Expert.' The Sanctuary, Jan 25, 2018.

- Cooper, J. 'How carbon credits work.' 9 January 2018. https://nativeenergy.com/2018/01/how-carbon-credits-work/

- del Castillo, M. 'Gavin Andresen now regrets role in Satoshi Nakamoto saga.' 16 November 2016. https://www.coindesk.com/gavin-andresen-regrets-role-satoshi-nakamoto-saga

- Deloitte. 'Blockchain in commercial real estate.' https://www2.deloitte.com/us/en/pages/financial-services/articles/blockchain-in-commercial-real-estate.html

- Dem, N. and Kim, K. 'CFTC official to Congress: Don't be "hasty" with crypto rules.' 18 July 2018. Coindesk.com

- Desjardins, J. 'The oil market is bigger than all metal markets combined.' 14 October 2016. https://www.visualcapitalist.com/size-oil-market/

- Ellsmoor, J. 'Meet 5 companies spearheading blockchain for renewable energy.' 27 April 2019. https://www.forbes.com/sites/jamesellsmoor/2019/04/27/meet-5-companies-spearheadingblockchain-for-renewable-energy/#4b4fca38f2ae

- Financial Times. 'Craig Wright's upcoming big reveal.' 31 March 2016. https://ftalphaville.ft.com/2016/03/31/2158024/craig-wrights-upcoming-big-reveal/

- Frantz, Pascal and Instefjord, Norvald. 'Rules vs Principles Based Financial Regulation.' November 25, 2014. SSRN: https://ssrn.com/abstract=2561370 or http://dx.doi.org/10.2139/ssrn.2561370

- Gartner. 'Gartner predicts 20% of top global grocers will use blockchain for food safety and traceability by 2025.' 30 April 2019. https://www.gartner.com/en/newsroom/press-releases/2019-04-30-gartner-predicts-20-percent-oftop-global-grocers-wil

- Ghose et. al. 'Digital disruption: How FinTech is forcing banking to a tipping point.' March 2016. Citi, https://www.citivelocity.com/citigps/digital-disruption/

- Good Reads. 'Karl Dönitz quotable quote.' https://www.goodreads.com/quotes/5678774-the-reason-that-the-american-navydoes-so-well-in

- Hicks, J. 'Can blockchain technology save the environment?' 1 December 2018. https://www.forbes.com/sites/jenniferhicks/2018/12/01/can-blockchain-technology-save-theenvironment/#688c3925233b

- Hosenball, M. and Strobel, W. 'Exclusive: Snowden persuaded other NSA workers to give up passwords

– sources.' 8 November 2013. https://www.reuters.com/article/net-us-usa-security-snowden/exclusive-snowden-persuaded-other-nsa-workers-to-give-uppasswords-sources-idUSBRE9A703020131108

- IBM. 'Streamline transactions and tap into new revenue sources with IBM Blockchain.' 2018. IBM.com

- IEA. 'Global energy investment stabilised above US$1.8 trillion in 2018 but security and sustainability concerns are growing.' 14 May 2019. https://www.iea.org/newsroom/news/2019/may/global-energy-investment-stabilised-above-usd-18-trillion-in-2018-but-security-.html

- Juniper Research. 'Blockchain deployments to save banks more than $27bn annually by 2030: On-chain settlement costs to fall by 11% compared with current levels.' 1 August 2018. JuniperResearch.com

- Lamport, L., Shostak, R. and Pease, M. (1982) 'The Byzantine Generals Problem.' ACM Trans. Program. Lang. Syst. 4 (3):382-401.

- Le Sève, M., Mason, N. and Nassiry, D. 'Delivering blockchain's potential for environmental sustainability.' October 2018.https://www.odi.org/sites/odi.org.uk/files/resourcedocuments/12439.pdf

- Lipton, A. 'Modern monetary circuit theory, stability of interconnected banking network, and balance sheet optimization for individual banks.' 2015. arXiv:1510.07608 [q-fin.EC]

- Madigan, B. 'Blockchain innovation: Opportunities, challenges and policy implications.' 17 October 2019. https://www.ripple.com/insights/blockchain-innovation-opportunities-challengesand-policy-implications/

- Marchant, Gary E. and Allenby, Brad 'Soft law: New tools for governing emerging technologies.' Bulletin of the Atomic Scientists, 2017, 73:2, 108-114, DOI:10.1080/00963402.2017.1288447.

- Marketwatch. 'The global food and grocery market size is expected to reach US$12.24 trillion by 2020.' 27 August 2018. https://www.marketwatch.com/press-release/the-global-food-and-grocery-retail-market-size-is-expected-toreach-usd-1224-trillion-by-2020-2018-08-27

- Miller, R. 'Walmart is betting on the blockchain to improve food safety.' 24 September 2018.https://techcrunch.com/2018/09/24/walmart-is-betting-on-the-blockchain-to-improve-food-safety/

- Nakomoto, S. 'Bitcoin: A peer-to-peer electronic cash system.' 2008. https://bitcoin.org/bitcoin.pdf

- Navigant Research. 'Advanced energy market hits $1.4 trillion.' 21 April 2017. https://www.navigantresearch.com/news-and-views/advanced-energy-market-hits-14-trillion-part-1

- Neary, D. Opensource.com, '6 pivotal moments in open source history.' 1 February 2018. https://opensource.com/article/18/2/pivotal-moments-history-open-source

- OECD, 'Revenue statistics in Africa.' October 2018. http://www.oecd.org/tax/tax-policy/brochure-revenue-statistics-africa.pdf

- Open Source Guides, 'What are some of the common governance structures for open source projects?' https://opensource.guide/leadership-and-governance/#what-are-some-of-the-commongovernance-structures-for-open-source-projects

- Phillips, J. 'China can and will confiscate gold from SGE, banks and Chinese citizens, when it suits them.' 31 August 2016.https://www.mining.com/web/

china-can-and-will-confiscategold-from-sge-banks-and-chinese-citizens-when-it-suits-them/

- Pyments.com, 'P2P payments find fresh fuel as the 2020s loom.' 14 August 2019. https://www.pymnts.com/digital-payments/2019/peer-to-peer-payments-zelle-paypal-venmo/

- Sahota, A. 'Can blockchain build a sustainable food industry?' 25 May 2018. https://www.foodnavigator.com/Article/2018/05/28/Can-blockchain-build-a-sustainable-food-industry#

- Stapczynski, S. and Murtagh, D. 'The future is now for LNG as derivatives trading takes off.' 20 January 2019.https://www.bloomberg.com/news/articles/2019-01-20/the-future-is-now-for-lng-as-derivatives-trading-takes-off

- Stempel, J. 'World Trade Center developer gets new chance for damages.' 17 September 2015. https://www.reuters.com/article/us-usa-sept11-wtc-damages/world-trade-center-developergets-new-chance-for-damages-idUSKCN0RH2MA20150917

- Stevens, L.M. 'Gemstones market is expected to grow at a CAGR of 5% over 2018–2026.' 18 April 2019. https://africanminingmarket.com/gemstones-market-is-expected-togrow-at-a-cagr-of-5-over-2018-2026/3811/

- Storrow, B. 'Effort to trade gas for hydropower in northeast meets reistance.' 22 May 2019. https://www.scientificamerican.com/article/effort-to-trade-gas-for-hydropower-in-northeast-meetsresistance/

- Takahashi, D. (2011) 'The making of the Xbox: How Microsoft unleashed a video game revolution (part 1).' 14 November 2011.Venturebeat.com

- The Cathedral and the Bazaar. http://www.catb.org/~esr/writings/cathedral-bazaar/

- The Conversation, 'Carbon offsets can do more environmental harm than good.' 28 May 2014. https://theconversation.com/carbon-offsets-can-do-more-environmental-harm-thangood-26593

- 'The World's Oldest Writing.' (2016) Archeology, May/June 2016.

- Token Commons, 'The Windhover Principles for digital identity.' 21 September 2014. https://tokencommons.org/Windhover-Principles-for-Digital-Identity-Trust-Data.html

- White, S.K. 'What is holacracy and why does it work for Zappos?' 5 August 2015. https://www.cio.com/article/2956721/what-isholacracy-and-why-does-it-work-for-zappos.html

- World Wildlife Fund, 'Living Planet Report 2018.' https://www.worldwildlife.org/pages/living-planet-report-2018

- Yukako, O. 'Cambodian rice farmers turn to blockchain to gain pricing power.' 27 August 2018. https://asia.nikkei.com/Business/Technology/Cambodian-rice-farmers-turn-toblockchain-to-gain-pricing-power

PAPERS

- Ackerman, A., Chang, A., Diakun-Thibault, N., Forni, L., Landa, L.,Mayo, J. and Riezen, R. (2018) Project PharmOrchard of MIT's Experimental Learning 'MIT FinTech: Future Commerce.' White Paper August 2016. Available at SSRN: https://ssrn.com/abstract=3209023

- Breckefelder, J. (2019) 'Competition among high-frequency traders, and market quality.' ECB Working Paper Series, No 2290: June 2019.

- Odlzyko, A. (2016) 'Origins of Modern Finance: New evidence on the financialisation of the early Victorian economy and the London Stock Exchange.' Working Papers 16028, Economic History Society.

1 Lamport, L., Shostak, R. and Pease, M. (1982) 'The Byzantine Generals Problem.' ACM Trans. Program. Lang. Syst. 4 (3): 382-401.

2 Nakomoto, S. (2008) 'Bitcoin: A Peer-to-Peer Electronic Cash System.' https://bitcoin.org/bitcoin.pdf

3 Jakobsson, M. and Juels, A. (1999) 'Proofs of Work and Bread Pudding Protocols (Extended Abstract).' In Preneel B. (ed) Secure Information Networks. IFIP – The International Federation for Information Processing, vol 23. Springer, Boston, MA.

4 Takahashi, D. (2011) 'The making of the Xbox: How Microsoft unleashed a video game revolution (part 1).' Venturebeat.com, November 14, 2011.

5 CNBC.com (2018) 'Blockchain issues primarily around process, culture and regulation: Expert.' The Sanctuary, Jan 25, 2018.

6 Dem, N. and Kim, K. (2018) 'CFTC Official to Congress: Don't Be "Hasty" With Crypto Rules.' Coindesk.com, July 18, 2018.

7 The 'revolving door' of lobbying has seamlessly expanded to include crypto and blockchain companies.

8 https://ftalphaville.ft.com/2016/03/31/2158024/craig-wrights-upcoming-big-reveal/

9 https://www.coindesk.com/gavin-andresen-regrets-role-satoshi-nakamoto-saga

10 Frantz, Pascal and Instefjord, Norvald. 'Rules vs Principles Based Financial Regulation.' (November 25, 2014). Available at SSRN: https://ssrn.com/abstract=2561370 or http://dx.doi. org/10.2139/ssrn.2561370

11 Marchant, Gary E. and Allenby, Brad (2017) 'Soft law: New tools for governing emerging technologies.' Bulletin of the Atomic Scientists, 73:2, 108-114, DOI:10.1080/00963402.2017.1288447

12 'The World's Oldest Writing.' (2016) Archeology, May/June 2016.

13 Odlzyko, A. (2016) 'Origins of Modern Finance: New evidence on the financialisation of the early Victorian economy and the London Stock Exchange.' Working Papers 16028, Economic History Society.

14 https://www.pymnts.com/digital-payments/2019/peer-to-peer-payments-zelle-paypal-venmo/

15 Ghose et. al. (2016) 'Digital Disruption How FinTech is Forcing Banking to a Tipping Point.' Citi https://www.citivelocity.com/citigps/digital-disruption/

16 'Blockchain Deployments to Save Banks More Than $27bn Annually By 2030: On-chain Settlement Costs to Fall by 11% Compared With Current Levels.' JuniperResearch.com, August 1, 2018.

17 'Streamline transactions and tap into new revenue sources with IBM Blockchain.' (2018) IBM.com

18 https://www.bloomberg.com/news/articles/2019-01-20/the-future-is-now-for-lng-as-derivatives-trading-takes-off

19 https://www.ripple.com/insights/blockchain-innovationopportunities-challenges-and-policy-implications/

20 BIS Research, 'Blockchain Technology in Financial Services Executive Summary) (2017) https://bisresearch.com/industry-report/blockchain-technology-market-2026.html

21 Ackerman, A., Chang, A., Diakun-Thibault, N., Forni, L., Landa, L., Mayo, J. and Riezen, R. (2018) Project PharmOrchard of MIT's Experimental Learning 'MIT FinTech: Future Commerce.' White Paper August 2016. Available at SSRN:https://ssrn.com/abstract=3209023

22 https://africanminingmarket.com/gemstones-market-isexpected-to-grow-at-a-cagr-of-5-over-2018-2026/3811/

23 https://www.visualcapitalist.com/size-oil-market/

24 https://www.navigantresearch.com/news-and-views/advanced-energy-market-hits-14-trillion-part-1

25 https://www.marketwatch.com/press-release/the-global-food-and-grocery-retail-market-size-is-expectedto-reach-usd-1224-trillion-by-2020-2018-08-27

26 https://www.iea.org/newsroom/news/2019/may/global-energy-investment-stabilised-above-usd-18-trillion-in-2018-but-security-.html

27 https://www.sciencedirect.com/science/article/pii/S1364032118307184 #s0090

28 https://www.forbes.com/sites/jamesellsmoor/2019/04/27/meet-5-companies-spearheading-blockchain-for-renewableenergy/#4b4fca38f2ae

29 https://www.scientificamerican.com/article/effort-to-tradegas-for-hydropower-in-northeast-meets-resistance/

30 https://www.gartner.com/en/newsroom/press-releases/2019-04-30-gartner-predicts-20-percent-oftop-global-grocers-wil

31 https://techcrunch.com/2018/09/24/walmart-is-betting-onthe-blockchain-to-

improve-food-safety/

32 Personal interview with Serge Schoen, 15 September 2019, Veyrier, Geneva, Switzerland.

33 https://asia.nikkei.com/Business/Technology/Cambodianrice-farmers-turn-to-blockchain-to-gain-pricing-power

34 https://www.foodnavigator.com/Article/2018/05/28/Can-blockchain-build-a-sustainable-food-industry#

35 https://www.savills.com/impacts/market-trends/8-thingsyou-need-to-know-about-the-value-of-global-real-estate.html

36 https://www2.deloitte.com/us/en/pages/financial-services/articles/blockchain-in-commercial-real-estate.html

37 https://www.reuters.com/article/us-usa-sept11-wtc-damages/world-trade-center-developer-gets-new-chance-for-damagesid USKCN0RH2MA20150917

38 https://nativeenergy.com/2018/01/how-carbon-credits-work/

39 https://theconversation.com/carbon-offsets-can-do-moreenvironmental-harm-than-good-26593

40 https://www.odi.org/sites/odi.org.uk/files/resourcedocuments/12439.pdf

41 https://www.forbes.com/sites/jenniferhicks/2018/12/01/can-blockchain-technology-save-theenvironment/#688c3925233b

42 https://www.worldwildlife.org/pages/living-planet-report-2018

43 https://www.mining.com/web/china-can-and-will-confiscategold-from-sge-banks-and-chinese-citizens-when-it-suits-them/

44 In the autumn of 2019, Stallman was forced to resign his position with MIT and some other organisations over his comments regarding paedophile

financier Jeffrey Epstein. While there has been some notoriety around these events, they do not diminish Stallman's contribution to computer science. https://www.theverge.com/2019/9/17/20870050/richardstallman-resigns-mit-free-software-foundation-epstein

45 https://opensource.com/article/18/2/pivotal-moments-history-open-source

46 http://www.catb.org/~esr/writings/cathedral-bazaar/

47 https://opensource.guide/leadership-and-governance/#whatare-some-of-the-common-governance-structures-for-opensource-projects

48 There's a fascinating book about Frederick Taylor, the father of scientific management, and his obsession with time and efficiency called The One Best Way by Robert Kanigel (MIT Press, 2005).

49 Goodreads.com, accessed October 13, 2019. https://www.goodreads.com/quotes/5678774-the-reason-that-theamerican-navy-does-so-well-in

50 '9 Worst Generals in History.' Britannica.com, accessed October 13, 2019. https://www.britannica.com/list/9-worst-generals-in-history

51 Bronfenbrenner, Urie and Newcomb, Theodore M. (1948) 'Improvisations – an application of psychodrama in personality diagnosis.' Sociatry, Volume 4, pages 367-382.

52 https://www.reuters.com/article/net-us-usa-security-snowden/exclusive-snowden-persuadedother-nsa-workers-to-give-up-passwords-sourcesidUSBRE9A703020131108

53 https://www.cio.com/article/2956721/what-is-holacracy-andwhy-does-it-work-for-zappos.html

54 https://tokencommons.org/Windhover-Principles-for-Digital-Identity-Trust-Data.html

55 A 'university spinout' is when a technology or idea developed at a university is then turned into a startup company. Often the or idea have some role in the ongoing business, although not necessarily a day-to-day operating role.

56 Lipton, A. (2015) 'Modern Monetary Circuit Theory, Stability of Interconnected Banking Network, and Balance Sheet Optimization for Individual Banks.' arXiv:1510.07608 [q-fin.EC]

57 http://www.oecd.org/tax/tax-policy/brochure-revenuestatistics-africa.pdf

58 https://www.bbc.com/news/world-africa-49566927

59 Breckefelder, J. (2019) 'Competition among high-frequency traders, and market quality.' ECB Working Paper Series, No 2290: June 2019.

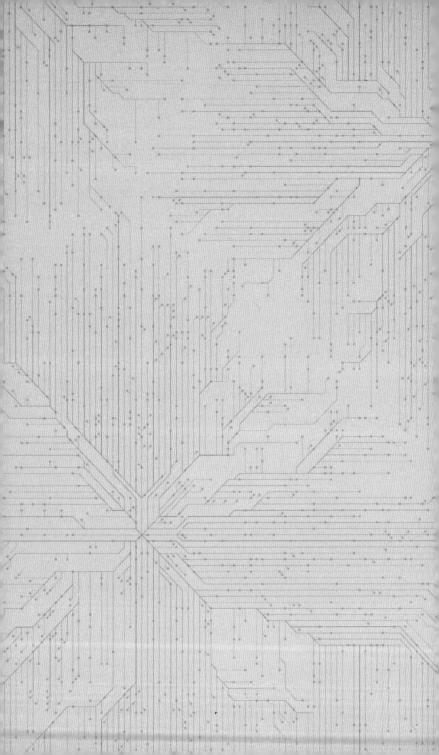

나는 비트코인이
'돈'이라는 정보 시스템의 효율성을
향상시킬 수 있다고 기대한다.

*"My hope for Bitcoin is that
it can improve the efficiency of the information system
that we call 'money.'"*

- 일론 머스크Elon Musk

5년 후에도 살아남을
암호화폐에
투자하라

1판 1쇄 펴낸날 2023년 3월 3일

지은이 데이비드 쉬리에
번역 최기원
감수 박종한

펴낸이 나성원
펴낸곳 나비의활주로

책임편집 김정웅
디자인 BIG WAVE

주소 서울시 성북구 아리랑로19길 86
전화 070-7643-7272
팩스 02-6499-0595
전자우편 butterflyrun@naver.com
출판등록 제2010-000138호
상표등록 제40-1362154호
ISBN 979-11-90865-91-3 03320